LA DIVISION COGNITIVE DU TRAVAIL DANS LE CAPITALISME POSTFORDISTE

Collection « L'esprit économique »

fondée par Sophie Boutillier et Dimitri Uzunidis en 1996
dirigée par Sophie Boutillier, Blandine Laperche, Dimitri Uzunidis

Si l'apparence des choses se confondait avec leur réalité, toute réflexion, toute Science, toute recherche serait superflue. La collection « L'esprit économique » soulève le débat, textes et images à l'appui, sur la face cachée économique des faits sociaux : rapports de pouvoir, de production et d'échange, innovations organisationnelles, technologiques et financières, espaces globaux et microéconomiques de valorisation et de profit, pensées critiques et novatrices sur le monde en mouvement...
Ces ouvrages s'adressent aux étudiants, aux enseignants, aux chercheurs en sciences économiques, politiques, sociales, juridiques et de gestion, ainsi qu'aux experts d'entreprise et d'administration des institutions.

La collection est divisée en six séries :

Dans la série *Economie et Innovation* sont publiés des ouvrages d'économie industrielle, financière et du travail et de sociologie économique qui mettent l'accent sur les transformations économiques et sociales suite à l'introduction de nouvelles techniques et méthodes de production. L'innovation se confond avec la nouveauté marchande et touche le cœur même des rapports sociaux et de leurs représentations institutionnelles.

La série *Economie formelle* a pour objectif de promouvoir l'analyse des faits économiques contemporains en s'appuyant sur les approches critiques de l'économie telle qu'elle est enseignée et normalisée mondialement. Elle comprend des livres qui s'interrogent sur les choix des acteurs économiques dans une perspective macroéconomique, historique et prospective.

Dans la série *Le Monde en Questions* sont publiés des ouvrages d'économie politique traitant des problèmes internationaux. Les économies nationales, le développement, les espaces élargis, ainsi que l'étude des ressorts fondamentaux de l'économie mondiale sont les sujets de prédilection dans le choix des publications.

La série *Krisis* a été créée pour faciliter la lecture historique des problèmes économiques et sociaux d'aujourd'hui liés aux métamorphoses de l'organisation industrielle et du travail. Elle comprend la réédition d'ouvrages anciens, de compilations de textes autour des mêmes questions et des ouvrages d'histoire de la pensée et des faits économiques.

La série *Clichés* a été créée pour fixer les impressions du monde économique. Les ouvrages contiennent photos et texte pour faire ressortir les caractéristiques d'une situation donnée. Le premier thème directeur est : mémoire et actualité du travail et de l'industrie ; le second : histoire et impacts économiques et sociaux des innovations.

La série *Cours Principaux* comprend des ouvrages simples, fondamentaux et/ou spécialisés qui s'adressent aux étudiants en licence et en master en économie, sociologie, droit, et gestion. Son principe de base est l'application du vieil adage chinois : « le plus long voyage commence par le premier pas ».

Saïd MAHREZ

La division cognitive du travail dans le capitalisme postfordiste

L'HARMATTAN

5-7, rue de l'École-Polytechnique ; 75005 Paris

www.harmattan.fr
diffusion.harmattan@wanadoo.fr
harmattan1@wanadoo.fr

ISBN : 978-2-343-08600-2
EAN : 9782343086002

INTRODUCTION GÉNÉRALE

Dans ce livre, nous allons développer la thèse de la montée en puissance des principes de la division cognitive du travail dans le capitalisme postfordiste[1].

La crise du fordisme a engendré des transformations structurelles dans les modes de production des firmes notamment dans leur organisation. En conséquence, les méthodes tayloriennes d'organisation du travail, qui ont jalonné l'organisation de la grande firme fordienne, s'avèrent être révolues et profondément contestées par la classe ouvrière[2].

Ainsi, durant la période postfordiste, la classe ouvrière se libère progressivement des contraintes de l'organisation scientifique du travail et revendique de plus en plus de libertés, de droits et d'autonomie dans l'exercice de leur travail. Cette transformation a été impulsée en partie par « l'élévation formidable de la qualité intellectuelle de la force de travail dont le rôle devient prépondérant par rapport aux savoirs incorporés dans le capital fixe. » (Vercellone, 2008, p. 73). Elle est également liée à la diffusion de nouveaux dispositifs organisationnels au sein du procès de production des firmes. Ces dispositifs sont de plus en plus flexibles et répondent à la fois aux exigences des entreprises et aux attentes des travailleurs.

De ces faits, l'organisation productive postfordiste se caractérise par l'affirmation de l'autonomie des travailleurs dans le travail d'exécution, la généralisation progressive du principe de rotation des tâches, la participation ouvrière au cercle de qualité, le

---

[1] De notre point de vue, le capitalisme postfordiste est un système d'accumulation dans lequel l'accumulation porte sur des formes d'investissement où l'immatériel joue un rôle central. Dans le capitalisme industriel l'accumulation porte, pour l'essentiel, sur les machines et sur l'organisation du travail. Pour Lipietz et Leborgne (1982), le post-fordisme est un modèle de développement de la spécialisation flexible (offre et demande flexible) pour le capitalisme. Pour Dormois (2012), l'économe postfordiste est un régime qui se caractérise par une division internationale des tâches dans le processus de production. L'internationalisation se situe à trois niveaux : le capital, la consommation et la production.

[2] Compte tenu des tensions permanentes qui ont caractérisé le rapport capital-travail durant les périodes les plus marquantes du capitalisme industriel. La contestation de l'organisation scientifique du travail a été laborieusement menée par les syndicats ouvriers au sein des ateliers de la production de masse, notamment dans l'industrie automobile aux États-Unis.

développement du travail en équipe autonome, l'essor du travail sur supports numériques, etc. Ces nouveaux dispositifs organisationnels se combinent, d'une manière complexe, dans l'organisation des processus de création de valeurs et forgent de nouvelles formes de division cognitive du travail. Celles-ci se caractérisent par la montée en puissance de la subjectivité des travailleurs et se manifestent notamment dans l'organisation de la production postfordiste de petite et moyenne séries. Ainsi, la réémergence de la production artisanale, la diffusion de la production juste-à-temps dans de nombreux secteurs d'activité et l'originalité productive incarnée par le modèle sociotechnique suédois, ont constitué autant de modes de production qui ont témoigné de la diffusion des formes de division cognitive du travail durant la période postfordiste. Notons encore que ces dernières décennies, nous assistons aux mutations structurelles profondes des économies des pays industrialisés. Ces mutations se caractérisent notamment par la montée de l'économie numérique, le développement des services aux entreprises et des services intensifs en connaissance comme, par exemple, les services de conseils et d'ingénierie, et par la hausse de la part des investissements immatériels au sein des entreprises. Ces transformations structurelles ont engendré un impact sur l'organisation du travail, faisant apparaître notamment de nouveaux dispositifs organisationnels, qui adossent les prestations immatérielles à des supports technologiques et organisent certains métiers selon le principe de spécialisation sur des blocs de savoir. Dans ce registre, nous pouvons citer la mise en application progressive des principes de télétravail dans les secteurs qui conjuguent les activités traditionnelles et les activités numériques, ou encore l'organisation des pôles de compétitivité et des activités de recherche et développements, qui s'opèrent selon le principe de spécialisation sur un ensemble de connaissances spécifiques. La généralisation de ces nouveaux principes dans l'organisation de travail dans les pays développés témoigne de la diffusion relativement soutenue de nouvelles modalités d'application des principes de la division cognitive du travail dans l'espace.

Ainsi, cette diversité des formes de diffusion de la division cognitive du travail, comme nous le verrons dans cet ouvrage, nous oriente vers l'élaboration d'un modèle idéal-type de la division cognitive du travail représentant sa forme canonique. Cet idéal-type peut se justifier par le fait que la division cognitive du travail n'existe pas à l'état pur, et encore elle se trouve, selon nous, condamnée à se mélanger, en partie, avec les principes de la division technique du travail[3]. Ainsi, la référence à un modèle idéal-type peut s'articuler avec cette orientation. Ses principaux traits peuvent être déduits à travers une approche comparative, qui repose sur l'opposition des principes canoniques de la division technique[4] avec ceux de la division cognitive du travail.

Notons encore que la caractérisation de la division cognitive du travail repose aussi sur l'exploration de différentes approches théoriques qui lui sont associées. Dans ce registre, nous allons examiner l'apport pionnier de Babbage (1833), qui a mis en valeur l'application des principes de la division technique au travail cognitif. Nous tâcherons également de mettre en exergue la contribution de Drucker (1959) portant sur le rôle structurant de *knowledge workers* dans l'activité économique et l'introduction du concept de blocs de savoir[5] comme élément fondamental dans la définition de la division cognitive du travail (Mouhoud et Moati, 1994). Nous présentons encore d'autres approches théoriques récentes telles que par exemple la contribution de Dieuaide (2005) dont le thème porte sur le travail cognitif et l'espace métropolitain, qui a le mérite de soulever la centralité de la subjectivité du travailleur dans l'organisation du travail. Nous explorons aussi, l'apport de Fumagalli et Morini (2008) portant sur le principe de segmentations du travail cognitif dans un cadre théorique propre au capitalisme cognitif. Enfin, nous devons souligner et traiter le fait

---

[3] C'est Smith (1776) qui a posé les bases théoriques de la division technique du travail à travers son célèbre exemple de la manufacture d'épingles. Son évolution a fait l'objet de plusieurs contributions telles que par exemple, Babbage(1833) « *le Factory system* », Taylor (1857) « l'organisation scientifique du travail » ; Ford et l'introduction de la chaine de production et cela depuis l'ère des premières fabriques jusqu'à la mise en place du système d'usine à la fin du 18ème et au début du 19ème siècle.

[4] Nous pouvons définir la division technique du travail comme la segmentation du processus productif en tâches de plus en plus simples et complémentaires afin que chaque travailleur se spécialise uniquement dans une tâche particulière qu'il exécute d'une manière répétitive.

[5] Par « blocs de savoir », il faut entendre « un ensemble de connaissances rattachées à un même corps de principes scientifiques et techniques, soumises à une dynamique d'évolution commune impulsée par une activité de recherche et de transformation des informations en nouvelles connaissances obéit à certaines heuristiques partagées par une communauté de spécialistes. » (Mouhoud et Moati, 1994, p. 54).

que ces approches théoriques sont relativement caractérisées par des différences majeures et de traits communs, que nous tâcherons de mettre en évidence dans cet ouvrage.
De notre point de vue, ce travail de caractérisations du concept de division cognitive du travail s'impose tant sur le plan théorique que sur celui de l'exemplification empirique.
En effet, sur le plan théorique deux courants de pensée ont mis en valeur la montée de la dimension cognitive du travail :
i) le premier courant a mis au centre de la réflexion le rôle structurant de la subjectivité des travailleurs dans la création de valeurs et visait aussi à clarifier les enjeux liés à la place de la connaissance dans les rapports postfordistes de production, notamment dans le rapport capital-travail (Vercellone 2004, 2008 ; Colletis et Dieuaide 2008 ; Mouhoud et Plihon 2009) ;
ii) le second courant a défendu la thèse de la suprématie de l'économie des services et de l'immatériel dans les processus de création de valeurs. Il a associé cette transition de l'organisation du travail à la tertiairisation de l'économie (Gadrey, 2003 ; Du Tertre, 2000)[6] et à l'importance du poids des activités de service dans le PIB[7]. De leurs points de vue, cette tendance à la tertiarisation de l'économie va de pair avec le glissement progressif de la consommation des ménages vers les biens supérieurs au sens de Bell (1973) et relevant du travail du *care* et de production de l'homme pour l'homme : la formation, la santé, l'assistance aux personnes dépendantes, le tourisme, la culture, les soins du corps, le sport, etc. Dans leurs raisonnements, ils ont mis l'accent sur le fait que cet essor des activités immatérielles a été à l'origine de la montée en puissance de la dimension cognitive du travail dans le procès de productions et son organisation, notamment dans les activités situées au cœur du processus de création de valeurs. Ainsi, notre contribution vise à présenter une synthèse combinant ces

---

[6] En 1960, les services ne représentaient que 30 % des dépenses de consommation des ménages en France. Depuis le milieu des années 2000, ils atteignent 50 % de ces mêmes dépenses (Consales, Fesseu et Passeron, 2009). Notons également que le secteur des services marchands en France est le premier employeur avec 8.6 millions d'emplois en 2010, représentant environ 34 % de l'emploi total ou 48 % de l'emploi marchand. Source: the World Bank Group. *In Ernest & Young* "la révolution des services", p. 2. Les services poids lourd de l'économie. www.ey.com.

[7] La part des services dans le PIB mondial est passée de 61 % en 1990 à 70 % en 2008. Source: The World Bank Group. *In Ernest & Young* "la révolution des services", p. 2. Les services poids lourd de l'économie. www.ey.com.

deux approches. Elle permet ainsi d'enrichir l'analyse théorique du concept de division cognitive et de nourrir le débat sur les transformations de l'organisation du travail dans le capitalisme postfordiste.
Sur le plan de l'analyse empirique deux facteurs ont impulsé cette transformation :
i) le premier facteur renvoi au fait que la principale source de la valeur s'est déplacée en amont et en aval de la sphère productive directe. Cette mutation rime, comme nous le verrons à l'aide de faits stylisés, avec la place prépondérante des activités immatérielles et des services dans les processus de création de valeurs et cela au détriment des activités matérielles, qui sont devenues, de plus en plus, à la périphérie du procès de production. À titre illustratif, nous pouvons citer par exemple le cas de la France où la part des services marchands dans la valeur ajoutée a beaucoup augmenté : passant de 34 % en 1949, à près de 56 % en 2008, et encore qu'en matière d'emplois, les services marchands ont occupé, en 2006, la même place que l'industrie en 1978[8];
ii) le second facteur s'articule avec les transformations du contenu du travail. En effet, selon certains faits stylisés, le travail ouvrier manuel est désormais souvent remplacé par un travail intellectuel de lectures et d'interprétation de codes et de symboles abstraits sur les cadrans des terminaux d'ordinateurs ou de machines informatiques, à la suite du développement des technologies de l'information et de la communication (TIC) (Lojkine, 1992). De notre point de vue, certes, ces deux éléments traduisent la montée en puissance de la dimension cognitive du travail dans les processus postfordistes de création de valeurs, mais nous devons approfondir l'analyse empirique des formes de division cognitive du travail afin de justifier, d'un point de vue quantitatif, les conséquences de cette tendance sur l'activité et l'emploi en France et dans certains pays de l'organisation pour la coopération et le développement économique (OCDE). À cet effet, nous serons donc amenés à mobiliser des faits stylisés pour vérifier cette tendance en France et dans certains pays de l'OCDE et pour déceler encore ses conséquences sur l'activité et l'emploi. Pour ce faire, nous analysons l'évolution des catégories socioprofessionnelles en

[8] La part des services marchands dans l'emploi total (en équivalent temps plein) est passée de 14,2 % en 1978 à 25,1 % en 2006. X. Niel, M. Okham, (2007). Les ressorts de l'économie des services : dynamique propre et externalisation. *Insee première,* n° : 1163, novembre 2007.

France entre 1968 et 2007. Nous explorons aussi certains travaux quantitatifs et qualitatifs de la direction de l'animation de la recherche, des études et des statistiques (DARES), relatives aux mutations productives et aux transformations du contenu du travail opérées dans l'industrie française. Dans le prolongement de ces travaux, nous étudions aussi le cas de la mutation du travail dans les usines de la régie Renault des Trente Glorieuses jusqu'à la période récente. Puis, nous nous penchons sur des tendances plus générales dans certains pays de l'organisation de coopération et de développement économique (OCDE). Nous abordons notamment le cas des classes de manipulateurs de symboles et de créateurs aux États-Unis.

Notons encore que l'affirmation de la montée en puissance des principes de la division cognitive du travail dans l'organisation des processus productifs postfordistes implique aussi l'exploration de l'origine de cette tendance. Ainsi, nous serons également amenés à discuter de l'origine de cette tendance organisationnelle. Celle-ci nous semble liée à la combinaison de trois types de facteurs :

I) les facteurs extra-industriels qui renvoient à l'intensification de l'effort d'innovation, à la révolution des technologies de l'information et de la communication, à l'essor des activités de service, etc., qui ont donné une impulsion à une nouvelle dynamique organisationnelle dans laquelle la subjectivité des travailleurs joue un rôle primordial.

II) Le développement de nouveaux secteurs d'activité intensifs en connaissance comme, par exemple, l'industrie de luxe, les industries de l'informatique et de la pharmacie, dont l'organisation repose essentiellement sur la mobilisation des principes cognitifs.

III) Les mutations internes aux industries motrices du fordisme, qui accordent une importance croissante au travail situé en amont et en aval de la fabrication directe et modifient les traits de la force de travail.

Au final, ce travail de caractérisations du concept de la division cognitive du travail dans le capitalisme postfordiste sera structuré en deux parties en suivant un ordre à la fois logique et historique.

La première partie s'intitule « Le modèle idéal-type de la division cognitive du travail ». Elle se compose de deux chapitres complémentaires : le premier chapitre présente une analyse multidimensionnelle de la division cognitive du travail et met en exergue l'affirmation de ses principes dans la production postfordiste de petite et moyenne série. Le second chapitre porte sur l'analyse des activités cognitives.

La seconde partie s'intitule « L'essor de la dimension cognitive du travail et ses impacts socioéconomiques. » Elle est scindée en deux chapitres. Le premier chapitre est consacré à l'analyse des principales causes de la montée de la dimension cognitive du travail dans l'activité économique postfordiste. Le deuxième chapitre analyse, sur la base de faits stylisés, les impacts socioéconomiques du développement de la division cognitive du travail sur l'activité et l'emploi dans le capitalisme postfordiste notamment en France et dans certains pays de l'OCDE.

PREMIÈRE PARTIE : LE MODÈLE IDÉAL-TYPE DE LA DIVISION COGNITIVE DU TRAVAIL

Introduction de la première partie

Notre propos dans cette première partie consiste à explorer, d'une manière approfondie, l'ensemble des interrogations et des contributions théoriques liées à l'analyse du concept de division cognitive du travail. Au préalable, nous ne pouvons parler d'une seule division cognitive du travail. Le large champ d'analyse de la division cognitive du travail couvre des réalités très différentes et des modalités d'application nombreuses et hétérogènes. En effet, les principes de la division cognitive du travail sont mobilisés, de façon prépondérante, dans l'organisation de nombreux secteurs d'activité où la connaissance joue un rôle structurant dans la création de valeurs. L'organisation des activités intensives en connaissances comme, par exemple, la R&D, le marketing, l'industrie de luxe, etc., illustre parfaitement cette tendance. Notons encore que les modalités d'application des principes de la division cognitive, comme nous le verrons dans le premier chapitre, sont relativement diverses et variées. Nous pouvons distinguer les configurations suivantes :

i) application des principes de la division cognitive au travail cognitif pur comme, par exemple, les activités de R&D ;
ii) application des principes cognitifs au travail matériel (spécialisation sur des blocs de savoir) ;
iii) combinaison des principes cognitifs avec les principes de l'OST dans l'organisation de travail matériel et peu routinier. C'est le cas notamment de l'industrie automobile, de textile de luxe, etc., dont l'organisation repose sur l'interaction des principes cognitifs et routiniers (forme organisationnelle hybride) ;
iv) association des principes cognitifs et des principes tayloriens dans l'organisation des activités de service où chaque type de relation de services s'organise en mobilisant des principes cognitifs spécifiques et appropriés.

Ses différentes modalités de diffusion des principes de la division cognitive du travail peuvent être synthétisées dans le tableau n° 1.

Tableau n° 1 - Les cinq formes de la division cognitive du travail : diversité spatiale et temporelle des formes de la division cognitive du travail

	Travail immatériel (cognitif)	**Travail matériel**
Division cognitive	Division cognitive du travail cognitif (Fumagalli et Morini).	Division cognitive du travail matériel (Mouhoud et Moati).
Division hybride[9] : forte interaction et imbrication des principes cognitifs et techniques	Division hybride du travail cognitif (Mouhoud et Plihon).	Division hybride du travail matériel (Drucker, Reich et Coriat).
Division technique	Division technique du travail cognitif (Babbage).	Division technique du travail matériel (Taylor).

Nous tenons à présenter nos remerciements à M. B. Paulré, Professeur à l'Université Paris 1 Panthéon Sorbonne, pour sa contribution à l'élaboration de ce tableau descriptif des formes de la division cognitive du travail.

N.B : dans ce tableau, nous avons fait abstraction de la division technique du travail matériel (Taylor). Nous limitons donc notre analyse à cinq formes de la division cognitive du travail.

À la lecture de ce tableau, nous pouvons formuler les remarques suivantes :

Premièrement, il est difficile d'établir une identification unique et consensuelle du concept de la division cognitive du travail en raison de la variété et de la diversité de ses formes de diffusion dans le temps et dans l'espace. De ce fait, il est relativement difficile de présenter un cadre d'analyse unique, qui peut servir

---

[9] Hybridation : croisement entre deux variétés, deux races d'une même espèce ou entre deux espèces différentes. L'« hybride » est composé d'éléments disparates, composites. *Dictionnaire Larousse illustré* 2000, p. 520. Dans le cadre de notre travail sur les principales formes de la division cognitive du travail, nous avons mobilisé le concept de *« forme organisationnelle hybride »*, afin de caractériser une organisation formée d'éléments empruntés à la division technique et cognitive du travail.

d'assise théorique permettant de mieux analyser et comprendre le phénomène étudié.

Deuxièmement, l'analyse de la division cognitive du travail est très complexe. Son domaine d'application couvre plusieurs secteurs d'activité tant matériels qu'immatériels (industrie, services, agriculture, travail pour soi, etc.). De plus, la division cognitive du travail se combine avec les principes de la division technique du travail dans l'organisation de nombreux processus productifs, comme, par exemple, les processus productifs hybrides où le travail cognitif s'articule le plus souvent avec le travail matériel.

Même sur le plan empirique, la division cognitive du travail en tant que forme organisationnelle distincte n'a pas fait l'objet de travaux spécifiques. Donc, son analyse n'est pas aboutie. En revanche, de nombreux travaux empiriques comme par exemple ceux de Veltz (1986), ont livré des résultats qui plaident pour la centralité des principes de la division technique dans l'organisation industrielle, notamment durant les Trente Glorieuses. Toutefois, malgré l'insuffisance quantitative des travaux empiriques portant sur la forme canonique de la division cognitive du travail, nous soulignons le fait que ses principes ont pris de l'ampleur dans l'organisation de la production postfordiste de petite et moyenne série. Ils ont été illustrés notamment dans l'organisation de la production artisanale, dans l'organisation de la production réflexive incarnée par le modèle sociotechnique suédois et dans la moindre mesure dans l'organisation des productions de type juste-à-temps, qui ont été symbolisées par le toyotisme.

Sur le plan théorique, plusieurs contributions ont mis en valeur cette diversité des formes de diffusion de la division cognitive du travail (Babbage, 1833 ; Drucker, 1959 ; Mouhoud et Moati, 1994 ; Dieuaide, 2005 ; Famagalli et Morini 2008). Ainsi, pour mieux cerner ses différentes configurations théoriques et empiriques, nous devons élaborer un modèle idéal-type de la division cognitive du travail, qui prend en compte toutes les spécificités de ce concept. Nous partons d'une approche logico déductive, qui tient compte du fait que ses principes fondamentaux sont relativement conçus à l'opposé de ceux qui fondent le modèle idéal-type de la division technique du travail. Sur cette base, nous allons ainsi dégager une définition de la division cognitive du travail et présenter ses formes selon lesquelles se manifeste dans l'espace.

Pour ce faire, dans le premier chapitre, nous mettons en exergue les différents apports théoriques et empiriques de la division cognitive du travail. Nous montrons leur diversité tout en discutant de leurs points communs et différences. Nous mettrons en évidence l'affirmation des principes de la division cognitive du travail dans l'organisation de la production postfordiste de petite et moyenne série (chapitre I).

Puis, nous élaborons, dans le second chapitre, un modèle idéal-type de la division cognitive du travail. Notons encore que ces modèles idéaux types de division technique et cognitive du travail peuvent être constitués et analysés à partir d'un certain nombre d'indicateurs organisationnels et descriptifs du procès du travail comme, par exemple : le degré de séparation entre conception et exécution, le rôle de l'encadrement, la spécialisation, le degré d'autonomie dans le travail d'exécution, la frontière entre le travail et ce qui lui est extérieur, le rapport aux outils, etc. Ces indicateurs, que nous présentons dans l'encadré ci-dessous, soulignent la singularité temporelle et spatiale de chaque forme organisationnelle par rapport à une autre.

Indicateurs généraux des modes d'organisation du travail mobilisés pour caractériser les modèles de division technique et cognitive du travail.

1 – le principe général et l'objectif de l'organisation : il s'agit d'identifier l'orientation générale qui guide les différentes étapes du processus productif et l'objectif de la mise en application d'une forme organisationnelle ;
2 – le rôle de l'encadrement (contrôle du travail) : de quelle manière s'opère le contrôle sur le travail (hiérarchie supérieure, intermédiaire, autre type à définir). Quelle est la fréquence du contrôle (permanente, intermittente, raccourcissement de la ligne hiérarchique) ? ;
3 – le degré de séparation entre conception et exécution (rôles respectifs des connaissances tacites et codifiées) : les salariés participent-ils à la conception du produit ? La conception est-elle réservée uniquement à l'encadrement ? Comment s'opère- t- elle ? ;
4 – le degré d'autonomie dans le travail d'exécution (un travail prescrit hétéro déterminé selon la logique du poste et de la tâche ou degré plus ou moins important d'autonomie dans l'organisation du travail) : il s'agit de décrire la manière dont le travail se déroule au sein de l'entreprise, soit à travers la fixation d'objectifs globaux, soit par une description précise des tâches à exécuter ;

5 – le degré de spécialisation dans le travail d'exécution : passage d'une tâche à l'autre au cours du travail habituel pour une majorité de salariés, pour une minorité ou pour aucun des travailleurs;
6 – la rémunération et les mécanismes incitatifs : il s'agit de décrire le système de rémunération appliqué et d'expliquer notamment les compromis de gouvernance qui résultent des négociations salariales entre directions et syndicats ;
7 – le régime temporel de l'activité du travail : il s'agit notamment de savoir s'il existe une délimitation précise de la frontière entre le temps de travail et le temps « hors travail », comme dans la division technique, ou si ses frontières s'estompent, comme dans le modèle de la division cognitive ;
8 – le rapport aux outils et aux machines : quel est le rapport individuel des ouvriers (salariés) aux outils de production et aux machines ? ;
9 – le contenu et la nature du travail : les tâches sont-elles de nature matérielle ou de nature cognitive ? Le travail est-il fragmenté et réalisé par plusieurs ouvriers ou est-il entier et indivisible ?
10 – la communication dans le travail est-elle plutôt verticale ou horizontale, incentive ou formelle ? Deux éléments en particulier reflètent la communication dans le travail : la coopération horizontale dans le travail (encouragement a coopéré directement entre les services) et la régularité des réunions (réunions d'atelier, de bureau, de service).

Ensuite, nous expliquons les difficultés inhérentes à l'analyse et à l'évaluation des activités cognitives. Sur cette base, nous analysons les différentes formes de division cognitive du travail, c'est-à-dire la manière dont elles se déclinent dans l'espace sous différentes formes dans l'organisation des processus productifs postfordistes. Nous proposons enfin une définition de la division cognitive du travail (Chapitre II).

CHAPITRE I – LA DIVISION COGNITIVE DU TRAVAIL : UNE ANALYSE PLURIDIMENSIONNELLE

Notre objectif dans ce premier chapitre est d'explorer les origines théoriques du concept de la division cognitive du travail et d'affirmer la prépondérance des principes de la division cognitive du travail dans l'organisation de la production postfordiste de petite et moyenne série. Dans cette perspective, nous mettons en exergue les facteurs communs et divergences entre les différentes formes de division cognitive du travail. L'ensemble de ces facteurs témoigne de la diversité des formes de diffusion de la division cognitive du travail dans le temps et dans l'espace. D'un point de vue quantitatif, cette variété des formes de division cognitive est illustrée, comme nous le verrons dans ce chapitre, dans l'organisation de la production postfordiste de petite et moyenne série.

Cette constatation préalable des similitudes et des divergences entre les différentes formes de la division cognitive du travail permet de rendre compte de la complexité des configurations observées et étudiées. Ainsi, elle permet d'enrichir l'analyse du concept de division cognitive. Dans cette perspective, nous allons explorer l'évolution historique du concept de la division cognitive du travail, du 19ème siècle à nos jours, en analysant notamment les principales contributions théoriques consacrées à l'exploration de ses principes fondamentaux. Ces analyses démontrent qu'il n'existe pas une forme unique représentative de ce concept et ses modalités de diffusion dans le temps et dans l'espace sont relativement complexes et variées. Sur la base de ces analyses, nous allons nourrir le débat sur l'analyse du concept de division cognitive, en contribuant notamment à l'élaboration de son modèle idéal-type et sa définition.

I – Les origines théoriques de la division cognitive du travail : une analyse pluridimensionnelle

Notre analyse se structure autour de cinq contributions relativement différentes. La contribution de Babbage (1833) met en valeur l'application des principes de la division technique au travail cognitif. Cette approche est l'une des premières à s'être intéressée à l'organisation du travail immatériel « cognitif ». La contribution de Drucker (1959) se distingue notamment par la mise en avant du concept de *knowledge workers*. Dans cette contribution, l'auteur tente de démontrer le rôle structurant et la montée en puissance des travailleurs du savoir dans l'activité économique. La contribution de Mouhoud et Moati (1994), introduit le concept de blocs de savoir comme élément fondamental dans la définition de la division cognitive du travail. Elle présente également d'importantes ruptures avec les approches précédentes. La contribution de Dieuaide (2005) sur le travail cognitif et l'espace métropolitain soulève la question de la centralité de la subjectivité du travailleur dans son travail et son organisation. Enfin, nous terminons notre analyse par la présentation de l'apport de Fumagalli et Morini (2008). Selon ces auteurs, l'organisation du travail dans le capitalisme cognitif est pensée de manière à inciter au maximum la communication et la coopération. Celles-ci sont nécessaires au bon fonctionnement des nouvelles technologies productives qui se diffusent avec l'avènement du capitalisme cognitif. Ce raisonnement soulève aussi la question de la personnalisation de la division cognitive du travail, ouvrant ainsi la voie à de nouvelles pistes de réflexion sur la division cognitive du travail. Cet angle d'analyse de la division cognitive du travail se distingue des contributions précédentes sur de nombreux points.

1 – Charles Babbage et la division du travail d'esprit : application des principes de la division technique du travail au travail cognitif

Les origines de la division cognitive du travail sont assez lointaines. Les premiers travaux théoriques et empiriques consacrés à ce phénomène remontent au 19ème siècle. Dans son œuvre sur les manufactures, Babbage développe l'une des premières analyses originales sur l'application des principes de la division technique au travail cognitif. Il affirme que « le principe de la division du travail peut s'appliquer avec égal succès aux opérations de l'esprit comme aux travaux du corps et que là aussi de son application résulte une égale économie dans l'emploi du temps. » (Babbage, 1833, chapitre XX, p. 250).

La démonstration de cette assertion repose sur un exposé rapide de l'application de ce grand principe à des séries de calculs plus étendus[10]. Cet exposé retrace l'initiative du gouvernement français

---

10 Cet exposé offre l'occasion de montrer que l'organisation interne des manufactures repose sur des principes plus profonds et solides. Ceux-ci peuvent ouvrir la voie aux plus sublimes découvertes auxquelles puisse parvenir le génie de l'homme. Le contexte historique dans lequel s'est développé cet exposé est celui d'un mouvement général des esprits qui accompagne la Révolution

qui ordonne de publier une collection de tables mathématiques afin de faciliter l'extension du système décimale déjà adopté en France. Les géomètres français sont ainsi incités à construire des tables identiques à une plus large échelle. La réponse des savants français ne se fait pas attendre. En effet, en inventant de nouvelles méthodes pour l'accomplissement de cette tâche, et dans un délai très court, ils ont pu remplir complètement cette mission introduite par le gouvernement. M. De Prony, chargé de la direction de ce projet, présente ainsi le début de l'opération : « toutes les conditions que j'avais à remplir nécessitaient l'emploi d'un grand nombre de calculateurs et il me vint à la pensée d'appliquer à la confection de ces tables la division du travail dont les arts du commerce tirent un parti si avantageux pour réunir à la perfection de la main-d'œuvre l'économie de la dépense et du temps. »[11] (C. Babbage, 1833, op.cit., Pp. 251-252*)*. Pour ce faire, De Prony procède à la constitution de trois ateliers. Chacun d'entre eux est constitué de personnes spécialisées dans un domaine scientifique précis.
D'une manière plus fine, son premier atelier (atelier 1) est composé de cinq ou six des meilleurs géomètres français. Leur travail consiste à chercher parmi les diverses expressions analytiques d'une même fonction celle qui peut s'adapter le plus facilement à des calculs numériques simples, exécutés par plusieurs personnes à la fois. Quand leur travail est terminé, les formules adoptées sont remises au deuxième atelier (atelier 2). Ce second atelier se compose de sept ou huit personnes très habituées aux mathématiques. Leurs fonctions consistent à convertir en nombre les formules élaborées par le premier atelier. Il s'agit d'une opération qui demande un soin tout particulier. Ces formules ainsi exprimées en nombre sont transmises aux membres du troisième atelier (atelier 3), qui renvoient les données, une fois les calculs

---

française et les guerres dont elle fut la cause. Le besoin de gloire qui anime et tourmente le peuple français l'amène à de nouvelles conquêtes qui marquent l'ère de la grandeur d'un peuple et à l'exploration et la recherche dans le domaine scientifique.

11 Cet exemple montre que le principal effet de la division du travail sur les opérations du corps et de l'esprit est de nous permettre d'obtenir facilement et d'appliquer à chaque détail la quantité précise d'habileté et d'instruction que ce travail demande. Ainsi, le principe de la division du travail ne peut s'employer avec succès que si le produit fabriqué est l'objet de demandes multiples, et son application aux arts industriels demande un investissement considérable (Babbage, 1833, Pp. 251-252).

achevés, au second atelier (Babbage, 1833, op.cit., p. 254). Enfin, les membres du second atelier vérifient également ces calculs au moyen de méthodes particulières, sans être obligés de répéter ou même d'examiner l'ensemble du travail du troisième atelier. Ce dernier atelier (atelier 3) comprend de soixante à quatre-vingts individus. Ils reçoivent des données chiffrées du deuxième atelier et, par de simples additions ou soustractions, confectionnent les tables demandées et les remettent aux membres du second atelier. Les tables ainsi calculées embrassent dix-sept grands volumes in-folio, ce qui expliquerait par ailleurs l'immensité du travail accompli. Selon Babbage, « la première section de géomètres (atelier 1) est entièrement exempte de cette tâche de calcul mécanique exécutée par la troisième section, laquelle n'est qu'un véritable atelier où il fallait le moins d'instruction scientifique, mais le plus d'assiduité au travail. Les tâches de la deuxième section (second atelier), quoique exigeant surtout une extrême habilité dans les calculs arithmétiques, sont cependant relevées aux yeux de ses membres par l'intérêt qui se rattache à ces opérations, plus difficiles que celle de la troisième section (atelier 3). » (Babbage, 1833, op.cit., p. 255).

Cette première contribution démontre que les principes de la division technique ne sont pas l'apanage unique de l'organisation du travail matériel, mais s'appliquent également avec succès au travail cognitif. M. De Prony, inspiré par Smith et introduisant les logarithmes en manufacture comme les épingles, en est un bon exemple. Toutefois, cette contribution reste limitée, car elle ne traite pas de la division cognitive du travail en soi. Elle ne s'intéresse ni aux fondements des principes de la division cognitive ni à leur mobilisation dans l'organisation du travail. Le mérite de cette approche est uniquement de soulever la question de l'organisation du travail cognitif. De même, son champ d'analyse est très différent des autres réflexions théoriques qui ont traité, par la suite, la notion de la division cognitive du travail. Afin, de remédier à ses limites, nous allons étudier l'approche proposée par Drucker (1959), qui est centré sur les travailleurs du savoir.

2 – Peter Drucker (1959): « knowledge worker » et organisation productive

La seconde réflexion théorique sur la notion de division cognitive du travail s'inscrit dans une approche centrée sur les travailleurs du savoir. Drucker met à jour le concept de « *knowledge worker* »

(traduit en français par « travailleur du savoir ») dans son œuvre « In *landmarks of tomorrow* » en 1959. Ce terme s'applique à des professions bien déterminées : sociologues, psychologues, chercheurs, professeurs, scientifiques, étudiants, écrivains, etc.
Selon l'auteur, « *knowledge worker is a person who principally has data, information, and knowledge as working objects, and mostly work with these objects in a physical virtual working environment to create, search, process and mediate data, information and knowledge for a knowledge worker.* » (Drucker (1973), In Dieuaide, 2004, pp. 1-2). Avec cette définition, nous constatons que les *knowledge workers* exercent dans de nombreuses activités productives matérielles et immatérielles, sans pour autant que leur travail ne recoupe complètement pas celui des ouvriers d'ateliers (les cols bleus) ou des administratifs. Les *knowledge workers*, en tant que catégorie de travailleurs, n'ont pas de place bien définie dans la logique de la division technique du travail. En outre, ils mobilisent une dimension cognitive assez forte dans l'exercice de leur travail. Ils ne constituent pas une catégorie professionnelle proprement dite, mais leur travail s'inscrit le plus souvent dans des pratiques multiples et variées de partage de connaissances, de travail analytique et collaboratif, de gestion des processus, d'organisation et d'animation d'équipe, etc.
De notre point de vue, cette définition du *knowledge worker* reflète, sur le plan organisationnel, une imbrication des principes cognitifs et techniques dans l'organisation du travail productif. Toutefois, cette imbrication ne peut déterminer pour autant une forme précise de division du travail. Elle permet néanmoins de constituer une forme organisationnelle hybride dans laquelle les principes cognitifs et techniques se renforcent mutuellement. Cette contribution sur les travailleurs du savoir semble ainsi s'inscrire dans le cadre d'une division hybride du travail qui combine les principes de division technique et cognitive du travail dans l'organisation du travail productif.
Pour étayer cette idée, nous devons cerner le sens et la portée du travail des *knowledge workers* dans les modes organisationnels des processus productifs. Pour ce faire, nous allons essayer de comprendre comment les travailleurs du savoir s'impliquent dans l'organisation du travail ? Selon nous, le degré d'implication des travailleurs du savoir dans l'organisation productive dépend de la nature de l'activité de la firme. Ce degré d'implication varie proportionnellement avec le passage d'une activité matérielle à une

activité immatérielle et aux productions intensives en connaissances. Lorsque la firme fabrique un bien matériel, son organisation combine les principes techniques et cognitifs. Les travailleurs du savoir sont appelés à coopérer en introduisant une dimension cognitive aux principes de la division technique dans l'organisation du travail. Au fur et à mesure que la firme développe une activité immatérielle ou produise des biens intensifs en connaissances, les travailleurs du savoir jouent un rôle de plus en plus déterminant dans l'organisation du procès du travail. Dans cette logique, ils interviennent en amont et en aval du processus productif, et contribuent ainsi davantage à la création de la valeurs. La mobilisation des connaissances et des compétences dans le travail demeure personnalisée. En outre, le travail collaboratif devient une nécessité compte tenu de la spécificité des processus productifs et émerge progressivement de la capacité des individus à s'organiser entre eux et à mettre leurs ressources en commun. Pour Drucker, le travail devient de plus en plus indirect et mobilise d'importantes compétences cognitives qui se combinent avec les principes de la division technique. Ainsi, il nous semble que l'apport de Drucker s'inscrit dans une logique de coordination des actions individuelles, d'interaction des principes techniques et cognitifs et reflète, d'un point de vue organisationnel, une forme de division du travail du type hybride. Toutefois, cette seconde contribution néglige certains facteurs déterminants dans le déroulement et l'évolution de ses activités. Ces facteurs peuvent être déclinés dans les points suivants :

- les changements technologiques qui ont engendré une incroyable augmentation de la puissance des processeurs et l'essor d'Internet. Ils ont permis aussi de mettre en place des méthodes de travail plus flexibles et un plus grand accès à l'information présente dans le domaine public ;
- l'arrivée du « sans-fil » et la multiplication des solutions d'accès à l'information en temps réel ;
- la diffusion de ces nouvelles technologies de l'information et de la communication, qui a approfondi le champ d'activité des travailleurs du savoir. Désormais, le travailleur du savoir pourra communiquer avec n'importe qui, n'importe où, pour envoyer et recevoir des données audio, vidéo, et/ou écrites ;
- les activités cognitives, qui engagent une logique de réseau mobilisant des partenaires, notamment externes à l'entreprise. Leur efficacité dépend, alors :

- de la pertinence des compétences regroupées au sein du réseau en fonction de la finalité de l'activité considérée ;
- de l'étendue du réseau et de la densité d'expériences sur lesquelles il est à même de s'appuyer ;
- des capacités de coopération et d'apprentissage de ses membres ;
- de la légitimité du système d'acteurs regroupés en fonction des enjeux de l'activité.

L'efficacité des réseaux entraîne un certain repli de ces réseaux sur eux-mêmes, garantissant les effets d'adoption, la confiance, la stabilisation de procédures et les dynamiques d'apprentissage.

Il convient de noter enfin certaines différences entre l'approche de Drucker et celle de Babbage. L'approche babbagienne s'intéresse à l'application des principes de la division technique au travail cognitif. Celle de Drucker met, elle, en valeur le travail des *knowledge workers* dont l'organisation repose notamment sur l'imbrication des principes techniques et cognitifs pour aboutir à une forme organisationnelle du type hybride. La réflexion théorique sur la division cognitive du travail ne se limite certes pas à ses anciennes approches. D'autres contributions ont permis de mieux caractériser les différents attributs de la division cognitive du travail. Ainsi, Mouhoud et Moati (1994) apportent d'autres éléments d'analyse à la caractérisation de la division cognitive du travail. Les principaux traits de cette approche peuvent être déclinés dans les points suivants :

3 – Mouhoud et Moati, et la notion de la division cognitive du travail

Mouhoud et Moati (1994) partent de l'hypothèse suivante : l'émergence de nouveaux modes d'organisation de la production, durant les années 1980, serait liée à des changements structurels[12] qui sont apparus dans l'environnement des entreprises. Ces mutations ont considérablement modifié la nature des activités des firmes. Selon les auteurs, au-delà de cette modification, le principe même à la base de la division du travail est renouvelé. Ainsi, le principe de la division du travail serait en train de glisser d'une logique technique et de rendement à une logique de compétence et

12 Ces changements se sont traduits par une redéfinition de la nature de l'activité de la firme. De lieu de combinaison optimale de facteurs de production génériques, la firme devient lieu de combinaison de compétences et d'apprentissage de nouvelles connaissances à partir de facteurs spécifiques.

d'apprentissage. L'organisation de travail passerait d'une division technique à une division cognitive du travail.
Dans leur démarche, les auteurs mettent en avant le rôle majeur de l'information dans la vie économique et l'enjeu que représente la maîtrise de la transformation de l'information en connaissance. À l'appui du concept de compétence et des caractéristiques de son développement dans l'entreprise, ils expliquent la modification de la nature de l'activité et les conditions de sa prospérité. Afin de mieux caractériser la logique de division cognitive du travail, ils comparent la division technique du travail à la division cognitive en s'appuyant sur trois critères : le critère de segmentation de la production ; la coordination et la réintégration des segments et la localisation des activités, qui structurent la manière dont le travail est divisé dans un système économique[13].
Premièrement, si l'on se place du point de vue de la segmentation de la production, la fragmentation de l'activité économique dans une logique cognitive s'opère selon la nature des blocs de savoir. L'efficacité de la fragmentation permet à la fois la pleine maîtrise des connaissances constituées, la réalisation d'économies en matière d'informations, le développement des compétences et la création de nouvelles connaissances. Par ailleurs, la logique cognitive ne saurait s'épanouir dans un processus de production trop morcelé (à l'intérieur des blocs de savoir), qui agirait certainement comme un frein à la créativité et un obstacle à la réalisation d'économies de champ. La division cognitive s'accompagne d'une certaine recomposition fonctionnelle : la séparation entre conception et exécution s'estompe contrairement à la logique technique. Le facteur travail tend à perdre de son hyperspécialisation, caractéristique de la division technique du travail. S'il reste spécialisé, c'est sur un champ conceptuel homogène où la compétence s'approfondit avec la pratique. En revanche, il étend sa polyvalence à un ensemble de tâches plus large (à l'intérieur d'un bloc de savoir). Le degré de spécialisation

13 Cette division du travail fondée sur les savoirs n'est pas une nouveauté. Elle a toujours régi l'organisation de la production artisanale qui dominait avant l'ère de la production en série. Piore et Sable (1984) voient dans la reconfiguration des processus de production en blocs de savoirs homogènes une bifurcation historique pouvant mener au retour des formes artisanales comme mode dominant d'organisation de la production. Ceci ne nous semble pas constituer une conséquence suffisante pour justifier la généralisation du principe de la division cognitive du travail.

du facteur travail s'accroît dans la mesure où un travailleur passe moins facilement d'un bloc de savoirs à un autre, que d'un travail à un autre dans la division technique du travail.
Ensuite, la division cognitive du travail impose une réintégration des fragments de produits à l'intérieur des différents blocs de savoir. Ainsi, les fragments doivent présenter un niveau élevé de compatibilité. Cette nécessité plaide pour l'internalisation dans l'entreprise de la production des différents fragments concourant au bien final. La coordination hiérarchique offre une garantie de compatibilité. Cependant, à mesure que la firme grandit, elle est aussi de nature à étouffer la créativité de ses membres et à nuire à l'efficacité de l'apprentissage. Par ailleurs, dans la division cognitive du travail, il importe que les fragments issus des différents blocs de savoir aient une compatibilité dynamique. Ils doivent être capables de progresser de concert, sans que l'inertie d'un des blocs de savoir entrave la dynamique de l'amélioration globale des performances. Cela pousse l'entreprise à se spécialiser sur un nombre limité de blocs de savoir. Cette spécialisation est rendu nécessaire par l'évolution rapide de l'environnement, qui exige une forte capacité d'apprentissage et de flexibilité. La spécialisation par bloc de savoir se justifie notamment par les gains d'information qu'elle permet de réaliser. Le gain ne peut cependant être obtenu que si l'utilisation d'un bien exige moins de savoir et de compétences que sa production. L'entreprise engagée dans la division cognitive du travail doit témoigner d'un degré d'intégration suffisant pour que son produit épargne à l'utilisateur la maîtrise des connaissances nécessaires à sa production. Dans la logique de la division cognitive du travail, la décision d'internaliser est donc souvent moins une affaire d'avantage comparatif qu'une affaire d'avantage absolu ou d'indisponibilité pure. Ainsi, l'entreprise peut savoir quels blocs de savoir, elle est en mesure de prendre en charge efficacement, en regardant la nature des compétences créées et développées. Il lui faudra organiser le travail de manière à favoriser l'apprentissage collectif et à développer sa réactivité face aux menaces et opportunités d'un environnement instable. Cet impératif conduit à modifier les modalités de la coordination hiérarchique telle qu'elle est pratiquée dans la division technique du travail. L'objectif est d'obtenir un plus grand engagement de la part des travailleurs. Cet engagement doit se traduire par une plus forte responsabilisation, une plus grande prise

d'initiative face aux aléas, et une meilleure capacité à développer ses compétences par l'apprentissage.
Enfin, la troisième dimension qui caractérise la place de la division cognitive du travail dans l'organisation productive renvoie au principe de localisation des activités économiques. En effet, de manière relativement triviale, on peut dire que dans la logique cognitive du travail, chaque fragment du processus de production ne pourra être localisé que dans les régions où est maîtrisé le bloc de savoirs requis. À première vue, on semble retrouver ici une logique d'avantages comparatifs. Toutefois, rappelons que la maîtrise d'un bloc de savoir, ainsi que la capacité à en repousser les limites, sont rarement des facteurs de production génériques. Retenons toutefois que maîtriser les blocs de savoirs requiert le plus souvent une main-d'œuvre bénéficiant d'un haut niveau de formation et de qualification. Ainsi, le degré de qualification du facteur travail d'un pays définit de manière très globale la position que ce pays pourra prétendre occuper dans une division cognitive internationale du travail. Il définit le degré de sophistication des blocs de savoir pour lesquels le pays sera capable de bénéficier d'une compétitivité suffisante. Mais, pour dépasser ce principe général, difficile à prédire même dans les spécialisations les plus fines, il faut privilégier une approche fondée sur les dotations en facteurs spécifiques. Par ailleurs, la division cognitive du travail réclame souvent la proximité géographique des parties prenantes au processus de production. Cette proximité géographique est de nature à favoriser l'apprentissage collectif en facilitant la communication des idées et en accélérant les transactions. Elle implique souvent une proximité culturelle des partenaires, qui facilite l'établissement d'une coordination conventionnelle améliorant la qualité de la communication. Les nouvelles formes de la division internationale des processus de production associées à la division cognitive du travail ont pour critère, non pas la minimisation des coûts, mais l'accès à des facteurs spécifiques. Il faut notamment souligner une main-d'œuvre maîtrisant des blocs de savoir nécessaires à la réalisation d'une production diversifiée et de qualité. De façon générale, la diffusion de la division cognitive du travail tend à renforcer le poids de la technologie et de facteurs relevant d'avantages spécifiques de la firme dans la détermination des flux d'échanges internationaux. L'ensemble de ces considérations plaide pour une concentration des activités de

production, qui s'organise, dans les pays industrialisés, selon les principes de la division cognitive du travail.

En établissant cette comparaison, et selon les trois critères cités ci-dessus, les auteurs ont pu définir la division cognitive de la manière suivante : « la division cognitive du travail consiste dans le fractionnement des processus de production selon la nature des blocs de savoir[14] qui sont mobilisés. Les entreprises redéfinissent le contenu de leur activité basée sur des compétences concentrées sur un ensemble cohérent de blocs de savoir, et adoptent alors des modes d'organisation orientés vers la maximisation de la capacité d'apprentissage et d'innovation. » (Mouhoud et Moati, 1994, Pp. 44-73).

De notre point de vue, cette définition s'inscrit dans le cadre d'une approche théorique qui plaide pour l'association des principes organisationnels cognitifs au travail productif. De ce fait, son champ d'application est lié en grande partie au travail matériel et exclut ainsi le travail cognitif qui occupe, aujourd'hui, une place centrale dans le processus de création de valeurs. Elle ne développe que partiellement le fait que ces principes cognitifs se combinent dans certaines proportions avec les principes de la division technique du travail. De même, cette définition reste trop centrée sur la notion de blocs de savoir qui s'apparente, selon nous, aux activités de recherche et développements. En outre, cette contribution est différente des approches développées par Babbage et Drucker. Ces différences se manifestent, notamment dans leur champ d'analyse, dans l'interaction entre les principes de la division technique avec les principes de la division cognitive du travail et dans la mise en œuvre de ses différentes formes organisationnelles. En effet, le champ d'analyse de l'approche de Mouhoud et Moati se focalise sur le travail matériel. En revanche, celui des approches de Babbage et Drucker porte sur le travail cognitif. De même que l'approche de Mouhoud et Moati néglige l'imbrication des principes cognitifs avec les principes de la division technique, alors qu'elle est relativement forte chez

14 On peut définir un bloc de savoirs comme « un ensemble de connaissances rattachées à un même corps de principes scientifiques et techniques, soumises à une dynamique d'évolution commune impulsée par une activité de recherche et de transformation en nouvelles connaissances, qui obéissent à certaines heuristiques partagées par une communauté des spécialistes. » (Mouhoud et Moati, 1994, p. 54).

Drucker et Babbage. Enfin, la contribution de Mouhoud et Moati mobilise les principes cognitifs pour organiser le travail matériel. Inversement, Babbage mobilise les principes de la division technique pour organiser un travail cognitif, et Drucker souligne une forme organisationnelle du type hybride.
En définitive, cette contribution a apporté des éléments nouveaux à la caractérisation de la division cognitive du travail. Mais, elle est relativement limitée, dans la mesure où son champ d'analyse est restreint au travail matériel. Ainsi, nous allons explorer d'autres éléments caractérisant le concept de division cognitive du travail les approches suivantes :

4 – L'apport de Fumagalli et Morini (2008) : le principe de segmentation du travail cognitif

De leur côté, Fumagalli et Morini (2008) développent une réflexion sur le travail cognitif et son organisation dans un cadre théorique propre au capitalisme cognitif. Dans leur contribution, ils délimitent le concept du travail cognitif à partir d'un ensemble de cinq variables.

1 – Réflexivité : le travail cognitif est un travail marqué par la réflexivité. Il transforme la structure de l'organisation et les procédures à travers lesquelles il se concrétise.

2 – Le relationnel : le travail cognitif repose sur une activité relationnelle. Par conséquent, il est impossible, du fait de sa nature bioéconomique, de l'homogénéiser et de le réduire à une coopération muette fondée sur des tâches standardisées.

3 – Espace et mise en réseau : pour devenir productif, le travail cognitif a besoin d'espace, c'est-à-dire de développer un réseau de relations.

4 – Formation et apprentissage : le travail cognitif exige un processus d'apprentissage et de formation. Cet apprentissage nécessite de posséder toujours plus d'informations et de cognitions. Celles-ci découlent du développement des formes de communication relationnelle et de l'accumulation des compétences. De ce point de vue, formation et apprentissage ne sont pas synonymes. La formation représente ce processus par lequel le sujet entre en possession des informations élémentaires qui caractérisent la caisse à outils, c'est-à-dire le *know-where*, dans lequel on puise les connaissances indispensables à la réalisation de la prestation professionnelle. L'apprentissage, au contraire, repose

sur l'expérience nécessaire au développement des compétences, d'un *know-how* spécifique.
5 – Coordination : le travail cognitif s'insère dans un réseau au sein duquel la communication entre les différents nœuds est avant tout une communication linguistique et symbolique.
Ensuite, les auteurs développent leur point de vue sur les modalités d'organisation du travail cognitif. Ils contribuent ainsi à élaborer une définition distincte de l'organisation du travail cognitif. Dans leur raisonnement, les auteurs admettent que l'organisation du travail dans le capitalisme cognitif est pensée de manière à inciter au maximum la communication et la coopération. Celles-ci sont nécessaires à l'utilisation et à l'application des technologies numériques. Plus précisément, pour Fumagalli et Morini, l'individu seul, grâce à des formes d'autocontrôle ou d'auto-répression, décide de se conformer aux exigences de l'organisation productive. Il s'agit ainsi d'une forme de division du travail personnalisé distinct de la dimension collective du travail.
De notre point de vue, cette contribution de Fumagalli et Morini souligne qu'à l'ère du capitalisme cognitif, le travailleur doit développer le travail de soi, ses compétences et sa subjectivité afin de s'adapter aux exigences des processus productifs. Ainsi, il est appelé à maîtriser parfaitement les outils productifs, à tirer profit de l'exploitation des réseaux et à coopérer avec les partenaires de la chaîne de valeur. Sur le plan organisationnel, le travailleur est censé mettre en conformité son comportement avec les exigences de l'organisation productive. Nous pouvons déduire qu'il s'agit d'une forme de division cognitive du travail qui s'applique au travail immatériel. Selon nous, elle repose sur le principe de spécialisation par projets dédiés généralement aux activités immatérielles. De ce fait, elle ne peut, pour deux raisons, s'appliquer au travail matériel. D'une part, le travail matériel requiert une organisation fondée sur la spécialisation dans l'exécution de tâches précises et dont la dimension collective du travail prédomine sur la dimension individuelle. D'autre part, sa réalisation ne nécessite pas comme dans le travail cognitif la mobilisation de certains attributs du travailleur comme, par exemple, l'exploration de réseaux, la coopération, le relationnel.
Ainsi, l'organisation du travail matériel, généralement incarnée par la division technique, ne dépend ni de l'initiative du travailleur, ni de sa décision et/ou de sa volonté de se conformer aux règles qu'il

doit appliquer. Mais elle est souvent dictée par des bureaux de méthodes qui veillent à son application.
Notons également qu'elle n'a pas tenu compte de la tendance à la diffusion de formes organisationnelles combinées. Celles-ci associent les principes techniques et cognitifs dans de nombreux secteurs d'activité, y compris dans les productions immatérielles. Elle ne rend donc pas compte ni de l'hybridation, ni de la complexité des formes organisationnelles contemporaines.
En définitive, bien qu'elle offre un nouvel angle d'analyse de la division cognitive du travail, la contribution de Fumagalli et Morini reste centrée sur la caractérisation du travail cognitif. Elle a cependant le mérite de montrer comment la nature du travail se transforme. Ce changement se manifeste par la montée de la dimension cognitive dans la création de valeurs dans le capitalisme cognitif. Auparavant, à la période du capitalisme industriel, c'était la dimension matérielle qui dominait dans la création de valeurs. Notons enfin que dans un autre registre d'analyse théorique du concept de division cognitive du travail, Dieuaide (2005) apporte d'autres éléments à la caractérisation de cette notion de division cognitive du travail.

5 – La contribution de Patrick Dieuaide : le travail cognitif et l'espace métropolitain

Dans sa contribution sur le travail cognitif et l'espace métropolitain, Dieuaide (2005) définit la notion du travail cognitif comme « l'effort de compréhension, voire d'invention, déployé à l'initiative des individus pour la production de solutions garantissant la continuité et le développement de leurs propres actions. De fait, le travail cognitif recouvre un espace et une temporalité propres à ce titre de la constitution d'un univers productif spécifique largement indépendant du système de l'entreprise. »[15] (Dieuaide, 2005, p. 2).
Dieuaide fait de la subjectivité un élément fondamental de sa définition du travail cognitif. À son avis, le travail cognitif, qui s'exerce grâce à la mobilisation des ressources cognitives, est ancré dans un territoire ou une métropole, où la réalisation des tâches repose sur la coordination et l'intégration, avec une temporalité

15 Pour plus de détails, veuillez voir : Dieuaide, Travail cognitif, firme et espace métropolitain. Séminaire « *Multitude et Métropole* », animé par Négri, Paris 2005 – 2006, Collège international de philosophie.

indéterminée. Toutefois, l'encadrement de la subjectivité et de la liberté de l'action est une nécessité absolue. Cet encadrement peut se faire par la redéfinition des techniques de contrôle en articulant des connaissances au travail. De plus, selon l'auteur, le rapport du travailleur à sa force de travail est un rapport d'usage. La force de travail est un continuum de sa subjectivité. Elle n'est pas consommable dans l'immédiat. D'abord créatrice pour l'individu lui-même, elle est une ressource pour le travailleur, mais n'est pas située dans l'entreprise. La force de travail est la subjectivité en acte. Ce qui compte, c'est la capacité cognitive comme exercice du travail. Elle est la ressource pour l'action du travailleur.

Selon Dieuaide, la contingence prédominante sur le plan pratique et politique confère au travail cognitif un ensemble de particularités. L'auteur distingue trois dimensions du travail cognitif :

- une dimension spatiale : le travail cognitif est un espace de flux ou d'interactions, de production et d'échange, toujours singulier et localement situé ;
- une dimension temporelle : la temporalité du travail cognitif est ouverte et purement subjective (la conversation au sens de Piore est une activité générique difficilement compatible avec le temps planifié du bureau des méthodes) ;
- une dimension entrepreneuriale ou politique : l'individu prend des initiatives, fait des choix, développe des formes intermédiaires de mobilisation au regard d'objectifs et de moyens qui sont les siens.

De notre point de vue, cet apport intellectuel est fort riche en enseignements. Il souligne, notamment les différences entre la réalisation du travail cognitif et le système traditionnel de l'entreprise. En effet, les particularités du travail cognitif ne coïncident plus avec la contrainte de l'organisation du travail, qui reflétait jusque-là les antagonismes capital/travail et la nature du rapport salarial propre au capitalisme industriel. Elles ne s'inscrivent pas dans la logique de la division technique du travail. Dieuaide soulève la question de la temporalité productive, qui renvoie à la difficulté de délimiter la frontière entre le temps de travail institutionnalisé et le temps hors travail durant lequel le travailleur contribue à l'accomplissement de l'acte productif. Il intègre la dimension entrepreneuriale dans la caractérisation du travail cognitif : l'individu entreprend, d'une manière libre et autonome, la réalisation du travail cognitif et devient ainsi l'élément central du processus productif cognitif. L'auteur développe une approche de la division cognitive du travail centrée

sur le concept du territoire. Son raisonnement sur la division cognitive du travail est le suivant :
Les ressources du travail cognitif sont immatérielles et ne sont pas systématiquement articulées à l'entreprise. L'ancrage de ces ressources relève du territoire. Pour déterminer la division cognitive du travail, on transpose le schéma de la métropole à celui de la firme multinationale. Sur cette base, on identifie la division cognitive du travail en fonction de l'ancrage des ressources cognitives sur le territoire (transposé ce qui est à l'échelle du groupe sur le territoire). Toutefois, dans cette approche, le territoire ne s'entend pas au sens géographique. Il représente un plan organisationnel qui combine les particularités du travail cognitif, les institutions de régulation, les groupes sociaux, etc. De même que cette approche souligne l'existence de plusieurs territoires : culturels, politiques, historiques, technologiques, etc.
En définitive, les travaux de Dieuaide enrichissent, certes, la définition et la compréhension du travail cognitif. Mais ils n'abordent pas l'interaction réelle qui s'opère entre le travail cognitif et le travail matériel. Autrement dit, la contribution de Dieuaide s'appuie sur l'idée selon laquelle il existe une dichotomie entre le travail cognitif et le travail matériel dans la réalisation et l'organisation des processus productifs. Ainsi, sa définition de la division cognitive du travail est relativement limitée. En effet, elle mobilise le concept de territoire comme élément central et structurant de cette définition. Or, ce concept à lui seul ne permet pas d'appréhender la complexité et la diversité des facteurs qui interviennent réellement dans la détermination du contenu de la division cognitive du travail. De même que, cette contribution se différencie des autres définitions de la division cognitive du travail proposées précédemment dans la mesure où elle introduit la notion de territoire comme élément déterminant dans l'analyse. Le mérite de cette approche est d'insister sur la place de la subjectivité du travailleur dans la réalisation du travail cognitif.
En conclusion, ces contributions théoriques sur la division cognitive du travail révèlent de fortes divergences entre les auteurs. La définition du concept de la division cognitive du travail est notamment le premier point d'achoppement. En effet, Babbage met l'accent sur l'organisation du travail cognitif selon les principes de la division technique. Il amorce le débat sur l'organisation du travail cognitif sans pour autant évoquer la question de la division cognitive. Pour Drucker, l'organisation du travail des travailleurs

du savoir est différente de celle que l'on rencontre dans l'organisation du travail ouvrier dans les usines. La division du travail des travailleurs du savoir s'oppose en quelque sorte aux principes de la division technique du travail. Mouhoud et Moati proposent une définition de la division cognitive du travail qui s'appuie sur le concept de blocs de savoir. Il s'agit de la définition la plus aboutie, distincte des approches précédentes, notamment en ce qui concerne le champ d'analyse.
La contribution de Dieuaide a le mérite de valoriser le rôle de la subjectivité du travailleur dans la réalisation du travail cognitif, donc dans son organisation. Mais elle n'aborde pas concrètement la question de la division cognitive du travail. Enfin, Fumagalli et Morini développent une approche singulière en mettant en avant le principe de personnalisation de la division cognitive du travail. Ils lient également l'évolution de l'organisation du travail aux transformations qui ont caractérisé le capitalisme, articulant ainsi l'analyse de la division cognitive du travail avec l'avènement du capitalisme cognitif.
Le cadre d'analyse de ses différentes approches est significativement disparate. Certaines contributions, notamment celle de Mouhoud et Moati, se sont intéressées à l'application des principes de la division cognitive au travail matériel. Les travaux de Drucker, ainsi que ceux de Fumagalli et Morini tentent d'associer les principes de la division cognitive du travail aux activités immatérielles. Babbage, quant à lui, propose l'application des principes de la division technique au travail cognitif. Enfin, ces analyses réalisées à des périodes différentes s'inscrivent dans des environnements économiques particuliers. En définitive, la comparaison de ces approches montre qu'il est difficile de dégager une définition consensuelle du concept de division cognitive du travail. Mais ces approches s'accordent sur le fait que la division cognitive du travail se diffuse dans l'espace, comme nous le verrons, selon plusieurs modalités différentes. De ce fait, l'uniformité de la division cognitive du travail n'est pas justifiée, comme nous le constatons, d'une manière concrète, dans l'organisation productive postfordiste, notamment dans la production diversifiée de petite et moyenne série.

II – Principes de la division cognitive du travail dans les stratégies productives postfordistes

Après la crise du fordisme[16] et de la production de masse de biens standards, la plupart des économies des pays développés se sont orientées vers une autre stratégie productive, qui reposait notamment sur production diversifiée de petite et moyenne séries. De ce fait, l'organisation productive postfordiste est en rupture avec les normes tayloriennes de l'organisation scientifique du travail et mobilise davantage les principes cognitifs en s'appuyant notamment sur la primauté de la subjectivité des travailleurs. Ces principes cognitifs se diffusent, comme nous le verrons dans le second chapitre, sous différentes modalités et parfois se combinent avec d'autres principes organisationnels. Ses différentes formes de diffusion des principes de la division cognitive dans la production postfordiste témoignent de la montée en puissance de la dimension cognitive du travail dans les processus productifs. Cette évolution peut être constatée durant la période postfordiste à travers la réémergence du modèle artisanal et le développement d'autres-modèles productifs comme, par exemple, le modèle toyotiste et le modèle sociotechnique suédois. Leurs principaux traits distinctifs sont exposés dans les points suivants :

1 – La réémergence du modèle productif artisanal

La crise du fordisme a favorisé la réémergence d'activités productives alternatives à la production en série. Ces activités sont plus adaptées à l'environnement socioéconomique postfordiste et sont porteuses de nouvelles normes productives et organisationnelles. Elles répondent favorablement aux attentes de différentes catégories de consommateurs en matière de goût, de qualité et de diversité des produits. La réémergence et le dynamisme de la production artisanale[17] s'inscrivent dans cet élan

---

[16] Plusieurs facteurs, économique, organisationnel, environnemental et institutionnel ont interagi, déclenchant la crise du modèle fordien et du régime d'accumulation fordiste. La combinaison de ces facteurs a contribués à la mise en place d'un cadre en rupture avec l'ère fordiste, actant la transition vers un nouveau régime d'accumulation dit « postfordiste ».

[17]Avec, l'apparition de nouvelles normes organisationnelles et productives au début du 20ème siècle, l'activité artisanale a su sauvegarder sa place dans le tissu industriel en exploitant au mieux certaines niches de produit et encore certains secteurs d'activité tels les arts décoratifs, le textile de luxe. À l'apogée du fordisme, le modèle artisanal aurait servi de refuge aux firmes actives sur des

productif alternatif à la production de masse. Ce dynamisme peut s'expliquer à la fois par une forte contribution des activités artisanales[18] à la création de valeurs et par les nombreuses opportunités qu'offrent ces activités en matière de création d'emplois. En effet, selon Piore et Sabel (1989), de nombreux secteurs postfordistes auraient recours à la production artisanale pour exploiter des niches de marché spécifiques, en fabriquant des produits de qualité destinés à une clientèle ciblée[19].

---

marchés trop étroits et instables pour rembourser le coût de l'utilisation des ressources.

[18] L'encyclopédie Diderot et Alembert (1751) offre peut-être une première définition du concept de l'artisan. L'artisan « désigne les ouvriers qui professent ceux d'entre les arts mécaniques, qui supposent le moins d'intelligence. On dit d'un bon cordonnier, que c'est un bon artisan ; d'un habile horloger, que c'est un grand artiste. » (Diderot et Alembert, 1751, p. 745). Toutefois, cette définition montre une certaine connivence avec les représentations sociotechniques dominantes, notamment celle du développement de la mécanisation de la production. Elle souligne également la péjoration de l'activité dans la mesure où celle-ci supposerait moins d'intelligence. Enfin, elle omet de prendre en compte les aspects manuel et cognitif, qui constituent le cœur de l'activité artisanale. Pour pallier les insuffisances relevées dans cette première définition, il convient de proposer une autre définition qui nous semble mieux incarner l'artisanat. Pour Siegfried (1941), « l'artisanat représente les métiers manuels, c'est-à-dire ceux qui s'exercent avec le minimum de mécanisation ; par voie de conséquence il regroupe ceux qui servent de même façon ces métiers, c'est-à-dire qui les servent complètement dans toutes leurs spécialités. La raison d'être de l'artisanat, et par conséquent de l'artisan, c'est de pratiquer complètement un métier. » (Siegfried, 1941, p. 16). Dans cette définition, l'artisanat désigne l'ensemble des métiers manuels. De fait, il est indispensable de distinguer l'aspect artisanal du métier, caractéristique d'un labeur particulier, qui différencie l'artisan des autres catégories socioprofessionnelles. De même, il est nécessaire d'identifier la nature artisanale du métier. L'artisan est propriétaire des outils et exerce un contrôle sur le processus productif et sa finalité. Indépendant, il travaille à son compte et n'a de compte à rendre à aucun dirigeant ou patron. L'artisan exploite lui-même ses capacités professionnelles et cognitives au lieu de les échanger contre un salaire. Ainsi, son travail ne s'exerce pas dans une relation de dépendance. Enfin, nous devons souligner la dimension cognitive du travail, prégnante dans cette activité.

[19] Selon Piore et Sabel, « de la seconde révolution industrielle, c'est-à-dire de la fin du siècle dernier, à nos jours, les périodes de basse conjoncture sont intervenues de façon périodique pour élargir le cercle des activités artisanales par rapport au noyau central de la production en série. Les ralentissements jetaient un doute sur l'expansion à venir et, dans un environnement incertain, soit les firmes différaient les investissements qu'elles auraient pu faire dans la production en série, soit elles se convertissaient aux techniques de la production artisanale, qui permettent de se lancer rapidement sur le premier marché où se dessine une ouverture. Pour s'en convaincre, il suffit de considérer la dérive vers

Théoriquement, les tentatives pour expliquer à la fois la réémergence et la pérennité de la production artisanale après la crise du fordisme auraient abouti à la formation d'une théorie du dualisme industriel développée notamment par Piore et Sabel (1989). Cette théorie interprète la production artisanale moderne comme un complément nécessaire de la production en série. Selon cette théorie, la production en série est considérée comme l'élément dynamique sur le plan de la technologie. La production spécialisée (artisanale) lui serait ainsi subordonnée. Dans cette approche comme dans la prédiction classique de la disparition des artisans, le progrès technique de la société industrielle continue à être dominé par la production en série. Certes, la production artisanale peut profiter de certaines innovations introduites par la production en série. Elle peut même, à l'occasion, créer une technique qui lui serait propre. Cependant, la production artisanale n'a pas vocation à être la source de ce renouvellement continu du progrès technique qui est la marque de la société industrielle et le moteur de la croissance économique. Notons néanmoins que cette interprétation théorique néglige le rôle joué par d'autres-modèles productifs postfordistes en matière de production et d'organisation. Ces modèles productifs peuvent être des alternatives à la production de masse. Cette approche néglige également les faits productifs réels observés durant la période postfordiste. À présent, nous allons tenter de caractériser les spécificités et les principes du modèle artisanal.

Généralement, la production artisanale est associée aux différentes formes d'activités économiques traditionnelles. Le nouveau modèle artisanal peut être caractérisé par les traits suivants :

1) son procès de travail repose sur l'usage de technologies de plus en plus performantes et à large champ d'application. Ces technologies peuvent permettre de perfectionner le savoir-faire des artisans. Grâce à elles, les artisans peuvent consacrer leurs connaissances à la fabrication des produits

---

une économie de subsistance ou de bricolage : au fur et à mesure de la stagnation des marchés, on tarde de plus en plus à remplacer les marchandises vendues, ce qui se traduit par une augmentation de la demande en pièces de rechange et en service de maintenance, qui sont fournis par des entreprises organisées sur un modèle souple et utilisant des équipements polyvalents. L'artisan des années 30 allant de porte à porte avec sa boîte à outils en quête de petits boulots représente le symbole vivant de l'amenuisement de la division du travail qui accompagne le recul économique, c'est-à-dire le retour aux méthodes artisanales. » (Piore et Sabel, 1989,Pp. 264-265).

toujours plus variés. Le dynamisme de ces technologies ne cadre pas avec la thèse selon laquelle la production artisanale ne pourrait exister qu'en tant que forme d'activité économique traditionnelle ou subalterne (Piore et Sabel, 1989). Au contraire, il reflète la nécessité d'une production diversifiée, à la mode, capable de s'adapter à de nouveaux goûts. Ces éléments marquent une rupture technologique majeure par rapport à celle qui a caractérisé le modèle artisanal avant la bifurcation de la première révolution industrielle ;

2) les ouvriers mobilisent, dans l'exercice de leurs métiers, des compétences, des savoir-faire, une créativité et un fort sens de l'imagination et de la conception. Cette forte mobilisation de la dimension cognitive s'inscrit dans une logique de continuité avec les principes qui ont caractérisé les premières formes de production artisanale ;

3) le nouveau modèle artisanal se singularise par la polyvalence des tâches productives ou administratives assumées par le propriétaire des outils de production. En outre, le dirigeant participe au cycle productif. Cela constitue l'un des principaux axes de différenciation de l'entreprise artisanale par rapport aux autres configurations productives. Toutefois, les tâches administratives constituent également une rupture significative par rapport aux pratiques administratives anciennes du premier modèle artisanal avant la bifurcation de la première révolution industrielle ;

4) le nouveau modèle artisanal repose sur une collaboration assez bien définie entre le propriétaire et les ouvriers artisans concernant les différentes étapes du processus de production et l'usage des technologies (outils de production et machines). Cette collaboration s'inscrit ainsi dans la continuité des premières formes de la production artisanale ;

5) sur le plan organisationnel, le nouveau modèle artisanal se caractérise par une spécialisation souple et mobilise d'importants éléments cognitifs. Plus précisément, la nouvelle organisation reflète l'incarnation des anciens principes organisationnels de la production artisanale ;

6) la différence entre l'ouvrier et l'artisan : l'artisan membre d'une corporation n'était pas séparé du marché par un intermédiaire. Il vendait généralement un produit, non son travail, et, par conséquent, contrôlait à la fois le produit et le processus de travail.

Nous pouvons résumer les principales caractéristiques du modèle productif artisanal dans le tableau suivant:

Tableau n° 2 : les principes du modèle artisanal

INDICATEURS	CARACTERISTIQUES
Principe général d'organisation	La production doit souvent être réorganisée. Les ouvriers doivent maîtriser une gamme de compétences et avoir une compréhension générale du processus de fabrication. Sur le plan organisationnel, le recours aux principes de la division technique du travail est relativement faible. Par ailleurs, l'habileté de l'artisan et sa maîtrise prédominent dans l'organisation du processus productif.
Objectif	Production en petite série de produits différenciés par la qualité afin de répondre à une demande versatile et afin de pérenniser l'activité.
Degré de séparation entre conception et exécution	Très faible séparation entre la conception et l'exécution des tâches. L'artisan assimile parfaitement les différentes étapes du processus de production.
Degré d'autonomie dans le travail d'exécution	L'artisan est autonome dans l'exercice de son métier, mais il est incité à fournir d'importants efforts afin d'atteindre les objectifs escomptés du processus productif et afin de satisfaire son patron car leurs intérêts sont proches. Du coup, une relation de familiarité s'installe entre les artisans et les propriétaires des ateliers.
Rapport aux outils et aux machines	Maîtrise des outils de production assez forte de la part des artisans.

INDICATEURS	CARACTERISTIQUES
Degré de spécialisation dans le travail d'exécution	Les artisans acquièrent une connaissance professionnelle considérable du métier. Ceci reflète un fort degré de spécialisation dans la réalisation de l'intégralité du produit ou d'une œuvre artisanale, et aussi une forte polyvalence, lorsqu'il s'agit d'exécuter un produit artisanal traditionnel.
Rémunérations	Ce modèle repose notamment sur l'attachement des artisans à leur métier. La qualité de l'ouvrage réalisé et son originalité déterminent en grande partie la rémunération de l'artisan.
Rôle de l'encadrement	Le processus de production s'inscrit dans une relation de coopération et de coordination entre les artisans et le propriétaire des outils. Le propriétaire est très proche des artisans et participe avec eux à la réalisation des tâches.
Régime temporel	La délimitation du temps de travail varie en fonction de la nature du produit. Si le produit est de nature traditionnelle, le temps de travail peut être limité à un certain nombre d'heures de travail selon la réglementation en vigueur. S'il s'agit d'une œuvre artisanale originale, l'artisan peut réaliser son œuvre en prenant le temps nécessaire à sa réalisation. Dans ce cas, le temps de travail est étroitement lié à la réalisation finale du produit.
Source de la valeur et productivité	La création de valeurs par l'artisan recouvre à la fois la qualité du produit réalisé, son originalité, l'identité de l'artisan engagée dans le procès du travail et la proximité territoriale entre l'artisan

INDICATEURS	CARACTERISTIQUES
	et le client.

Nature du rapport salarial : le rapport salarial[20] est relativement stable, car il existe des relations de familiarité et de solidarité entre les parties prenantes. Chaque fois que les artisans produisent davantage ou améliorent la qualité du produit, l'entreprise dégage des bénéfices. Les artisans perçoivent des rémunérations fixes, déterminées en accord avec les dirigeants de l'entreprise. Certains artisans peuvent néanmoins percevoir des récompenses proportionnelles à leurs efforts. En effet, un artisan qui fabrique des œuvres originales et haut de gamme, peut percevoir une prime indexée sur la valeur marchande de ses œuvres. En outre, toute autre contribution émanant du propriétaire dirigeant dans le procès du travail, soit dans l'amélioration des outils de production, soit dans l'apport d'une technique productive, engendre un gain pour l'entreprise. Ce gain peut se répercuter aussi sur ceux des artisans.
Place de la connaissance et du savoir-faire dans le rapport salarial : les artisans et les propriétaires ont des intérêts relativement convergents. Ils mobilisent l'ensemble de leurs connaissances et savoir-faire dans le procès du travail. Par ailleurs, les principes de la division technique du travail sont très peu diffusés dans le procès du travail. De ce fait, les artisans ne peuvent être dépossédés de leurs connaissances tacites. Ce qui justifie également la pérennité du modèle artisanal et la primauté des principes de la division cognitive du travail dans sa sphère organisationnelle.
Le travail de conception dans le modèle artisanal combine à la fois l'expertise de l'artisan et son degré d'imagination. L'artisan conçoit, les différentes phases nécessaires à la réalisation d'une

[20] Ce terme renvoie au processus de socialisation de l'activité de production sous le capitalisme : le salariat. « La forme du rapport salarial se rapporte à l'ensemble des conditions juridiques et institutionnelles qui régissent l'usage du travail salarié ainsi que la reproduction de l'existence des travailleurs. Ainsi, les différentes formes du rapport salarial résultent de la combinaison d'un type d'organisation du travail, et plus généralement des normes de production, et d'un mode de vie défini par l'équivalent d'un ensemble de normes de consommation. Il est commode de distinguer cinq composants du rapport salarial dont l'organisation du travail, la hiérarchie des qualifications, la mobilité des travailleurs (au sein et hors de l'entreprise), le principe de formation du salaire, direct et indirect et l'utilisation du revenu salarial. » (Boyer, 1986, Pp.18-19).

œuvre ou d'un objet. Il identifie la nature des problèmes à résoudre dans ses différentes étapes. Puis, il mobilise les solutions et les outils appropriés à la résolution des problèmes posés et à la réalisation du produit. Dans son travail de conception, l'artisan se montre créatif. Il cherche à adapter l'œuvre ou le produit aux besoins d'une clientèle spécifique. L'activité de conception s'affranchit en outre souvent des contraintes et des directives émanant du propriétaire de l'entreprise. En effet, l'artisan ou le salarié artisan dispose d'un contrôle systématique sur la qualité du travail nécessaire à la réalisation du produit. Sur ces bases, nous pouvons souligner la prépondérance de l'activité de conception dans le procès de travail du modèle artisanal. Nous partageons ainsi les points de vue de Piore et Sabel (1989) selon lesquels la division du travail associée à ces processus artisanaux est relativement assimilable à une division cognitive du travail. En effet, les artisans mobilisent dans l'exercice de leur activité davantage d'éléments cognitifs tels que par exemple les connaissances, l'art, l'expertise, la créativité et l'imagination.

Cependant, cette réémergence du modèle artisanal s'inscrit dans le cadre théorique du dualisme industriel. Elle est limitée sur un certain nombre de points tant sur le plan théorique que sur celui de l'analyse empirique. En effet, l'hypothèse du dualisme industriel laisse dans l'ombre celle, plus célèbre, des « districts industriels »[21] du 19ème siècle. L'histoire de toutes ces industries contredit cette conception classique du dualisme industriel. Selon Piore et Sabel (1989), dans ces districts industriels, plusieurs petites entreprises ont conçu et exploité de nouveaux procédés techniques sans pour autant accroître leur taille. De plus, leur dynamisme technologique

---

[21] Selon Piore et Sabel (1989), trois caractéristiques interdépendantes intervenaient dans la définition de ces districts. La première, la plus évidente, était la relation entre le district et le marché. Les districts produisaient un large éventail de marchandises pour des marchés régionaux très différenciés tant à l'intérieur qu'à l'extérieur des frontières. Mais, plus important encore, pour ouvrir de nouveaux marchés, il fallait constamment modifier les produits, en partie pour suivre la mode et en partie pour créer de nouveaux goûts. Ce lien au marché favorisait la mise en place des deux autres conditions (dont il dépendait d'ailleurs) du développement des districts industriels : utilisation souple d'une technologie de plus en plus productive et à large champ d'application, et création d'institutions régionales permettant d'équilibrer la coopération et la concurrence entre les entreprises, de façon à encourager l'innovation permanente (Piore et Sabel, 1989, Pp. 49-50).

ne cadre pas avec la thèse selon laquelle la production artisanale ne pourrait exister qu'en tant que forme d'activités économiques traditionnelle ou subalterne à la production de masse. En effet, de même que la production en série, l'artisanat représente un modèle d'évolution technologique à part entière.
Notons par ailleurs que la crise du fordisme a engendré également l'émergence d'autres-modèles productifs, qui se caractérisent par la primauté de la dimension cognitive du travail dans la création de valeurs et son organisation, comme nous le verrons, dans le modèle juste-à-temps (le toyotisme) et le modèle de la production réflexive (le modèle sociotechnique suédois). Même sur le plan empirique, les études de terrain ont également démontré l'existence d'une variété de modèles productifs où la dimension cognitive occupe une place centrale dans la création de valeurs, notamment dans la plupart des économies de l'OCDE.

2 – Le modèle productif «juste-à-temps » (le toyotisme) : une combinaison des principes de la division technique et de la division cognitive

Les dysfonctionnements du modèle fordien ont incité de nombreuses firmes à réajuster leurs modèles productifs afin de faire face à la crise et de s'adapter au nouvel environnement socioéconomique dans les pays développés. Dans cette perspective, le modèle juste-à-temps d'inspiration toyotiste a été mis en place dans plusieurs secteurs notamment dans l'automobile. Ces principes théoriques ont été appliqués pour la première fois dans l'industrie automobile japonaise, notamment dans la firme Toyota, comme solution face à la crise de la production en série. Ainsi, pour les économistes contemporains, le toyotisme est le modèle productif qui incarne le mieux les principes organisationnels flexibles.
Dans une première approche, nous définissons le toyotisme comme une forme d'organisation de la production, mise en place dans les usines Toyota à partir de 1962, selon les préconisations de l'ingénieur Ohno. Ce nouveau modèle productif contribue au succès de l'économie japonaise. Il se diffuse par la suite dans l'ensemble des pays développés à partir des années 80.
Le modèle toyotiste est généralement décrit via le système des 7 zéros :
► Le 0 stock : produire à flux tendus, c'est-à-dire en, limitant au maximum le volume des stocks. En effet, les stocks coûtent cher et

les matières premières sont payées avant que les produits finis ne soient vendus. C'est là une caractéristique fondamentale du toyotisme. On parle de production par l'aval puisqu'il s'agit de lancer la production à partir de la demande. Chaque poste de production ne produit que ce qui est nécessaire au suivant, ce qui évite le coût des stocks et répond au mieux à la qualité recherchée ;

► Le 0 défaut : produire en accordant davantage d'attention à la qualité qu'à la quantité. Cela permet de répondre aux nouvelles aspirations des consommateurs (options à la carte, par exemple) ;

► Le 0 délai : on produit en "juste à temps" (JAT) car le client n'attend pas et n'hésite pas à se diriger vers d'autres firmes produisant un produit identique ou similaire, si sa demande n'est pas satisfaite dans les temps ;

► La 0 panne et le 0 accident : l'ouvrier est capable de déceler la panne, de la réparer et même de l'anticiper grâce aux fameux cercles de qualité. Ces cercles sont des groupes de travail d'ouvriers qui réfléchissent aux moyens d'augmenter la productivité ;

►Le 0 papier : système d'étiquette (kanban[22]) désormais mise en intranet à la disposition des fabricants et fournisseurs pour fabriquer en "juste à temps", comme l'EDI (échange de données informatisées : une sortie de stock chez un détaillant déclenche une commande en matières premières chez le fournisseur et la fabrication chez le producteur) ;

► Le 0 mépris : chaque salarié est considéré comme un des membres de la grande famille de l'entreprise. Il est consulté notamment à travers les cercles de qualité. De la participation de chacun à la conception du travail naît la motivation des salariés ;

► Le toyotisme vise le « 0 coût ». La recherche d'économies est constante, ce qui pousse à la productivité maximale, mais aussi à la réduction des effectifs.

Source : Ohno T., et Mito S. (1993). *Présent et avenir du Toyotisme.* Paris : Masson.

---

[22] « Le système du Kanban est un système d'informations pour la gestion de la production, qui est plus léger que le système classique taylorien centralisé. En fait, tous les segments de fabrication sont gérés localement par la circulation des Kanban, sans cependant perdre l'harmonie et la cohérence d'ensemble. En ce sens, le système du Kanban ressemble à l'économie de marché ou la monnaie joue le même rôle que le Kanban, en faisant circuler des biens du producteur au consommateur. » (Shimizu. 1999, p. 17).

Nous tentons de clarifier ci-dessous les apports organisationnels et productifs du modèle juste-à-temps.
Sur le plan organisationnel, l'apport du modèle juste-à-temps est étroitement lié au concept de flexibilité organisationnelle. La flexibilité organisationnelle consiste à assouplir les principes de la division technique du travail sur lesquels reposent les modèles productifs fordiens. Ainsi, le processus de production mobilise la subjectivité ouvrière. Les travailleurs associés à la conception grâce à des mécanismes de coopération se voient accorder davantage d'autonomie. Cependant, « l'autonomisation a pour objectif l'économie de la main-d'œuvre pour augmenter la productivité. » (Shimizu.1999, p. 15). Le système de coordination mis notamment en place par Toyota est bien différent de celui observé dans les entreprises industrielles occidentales. Il se singularise par une sorte de rationalité collective, où l'activité est moins pilotée par des règles et des procédures formelles que par des conventions et des pratiques non hiérarchiques, c'est-à-dire horizontales. Celles-ci permettent l'ajustement mutuel des ouvriers au sein d'une équipe, et une régulation quasi autonome entre les équipes.
Sur le plan productif, le modèle toyotiste introduit le principe de la production à flux tendus, en limitant au maximum le volume des stocks. C'est là une caractéristique fondamentale du toyotisme. On parle de production par l'aval, puisqu'il s'agit de lancer la production en réponse à la demande. Chaque poste de production ne produit que ce qui est nécessaire au poste suivant, ce qui évite le coût des stocks et répond au mieux à la qualité et à la variété que les clients attendent des produits.
Dans l'ensemble, la logique toyotiste peut être résumée par cette assertion de la direction de Toyota : « nous devons continuellement viser la supériorité dans tous les domaines. Pour atteindre ce but, il faut que chaque employé à Toyota et des entreprises qui travaillent en relation avec nous soit persuadé qu'il lui faut se tenir prêt à déployer tous les efforts possibles pour la recherche du plus haut rendement, quels que soient la fonction ou le rang qu'il occupe. » (Kamata, 2008, p. 119). Pour faire adhérer les ouvriers à leurs objectifs, les dirigeants mobilisent également certains slogans, par exemple « que chacun se sente responsable dans tout ce qu'il fait. » (Kamata, op.cit., p. 161). En réalité, la communication prônée par l'entreprise est relativement trompeuse. En effet, elle pousse les ouvriers à faire eux-mêmes des suggestions afin de réduire les

temps opératoires. La philosophie entrepreneuriale, qui constitue le cœur même du toyotisme, reste encore omniprésente. Elle cherche à augmenter les cadences et la productivité afin d'améliorer la qualité et d'exercer une pression constante sur les ouvriers pour maintenir la croissance de l'entreprise.

Finalement, contrairement au taylorisme ou au fordisme, dans l'esprit du toyotisme, c'est l'ouvrier lui-même, non plus sa hiérarchie, qui contribue à augmenter les cadences. Afin de mieux comprendre le contenu du modèle toyotiste, nous présentons, dans le tableau ci-dessous, les principales caractéristiques de ce système productif «juste-à-temps».

Tableau n° 3 : les principes du modèle toyotiste : une forte interaction entre les principes de la division technique et ceux de la division cognitive du travail

INDICATEURS	CARACTERISTIQUES
Principe général d'organisation	Mise en place du principe juste-à-temps et assouplissement du principe de la division technique du travail par les conventions non hiérarchiques, l'autonomie et la polyvalence des salariés.
Objectif	Production à flux tendus de produits de qualité afin de répondre aux nouvelles attentes et aux nouveaux besoins des consommateurs et d'augmenter la productivité grâce à un travail de qualité (les gains de productivité se réalisent par la qualité du travail et celle du produit offert).
Degré de séparation entre conception et exécution	C'est la coordination qui prime. Chaque salarié participe à la conception du travail à travers les cercles de qualité et le raccourcissement de la structure hiérarchique dans la prise de décision.
Degré d'autonomie dans le travail	Le travailleur devient plus autonome et polyvalent. Toutefois, cette autonomie modérée s'exerce sous de fortes

INDICATEURS	CARACTERISTIQUES
d'exécution	contraintes de rythme et de respect de normes de qualité. Par ailleurs, les conventions non hiérarchiques permettent l'ajustement mutuel des ouvriers au sein d'une équipe, et une régulation quasi autonome entre elles.
Rapport aux outils et aux machines	La maîtrise des outils et des machines se trouve renforcée par la rotation des postes de travail.
Degré de spécialisation dans le travail d'exécution	C'est la collectivisation du travail qui prédomine dans le procès du travail. La spécialisation dans le travail d'exécution est relativement faible car les salariés sont polyvalents et le travail du groupe prime sur le travail individuel.
Rémunérations	Les grilles de salaires, hiérarchisées, sont comparativement meilleures que dans d'autres secteurs d'activité. Toutefois, ce système de rémunération assoit une sorte de dépendance vis-à-vis de l'entreprise pour une certaine catégorie de travailleurs au bas de l'échelle hiérarchique vis-à-vis de l'entreprise. Ces ouvriers s'engagent à rembourser les différents prêts à long terme qui leur sont accordés[23].

[23] Le système toyotiste aurait accordé de meilleures rémunérations à ses travailleurs, en comparaison avec les rémunérations pratiquées par les autres entreprises. Et cela contribue encore à renforcer la dépendance vis-à-vis de Toyota. Alors que d'habitude les ouvriers ne pensent qu'à s'arrêter et partir, lorsqu'arrive la paye et qu'ils voient les chiffres, ils en arrivent à penser qu'ils ont bien travaillé quand même. Quand ils rentrent chez eux avec cette paie, la vie qui se tisse grâce à cet argent a déjà commencé. Et le lendemain, ils repartent au travail en pensant aux traites et aux mensualités pour l'appartement, la stéréo, la télé ou la voiture (Kamata, 2008, p. 149).

INDICATEURS	CARACTERISTIQUES
Rôle de l'encadrement	Amélioration continue de la qualité et augmentation des cadences pour accroître la productivité.
Régime temporel de l'activité du travail	Délimitation du temps de travail par l'instauration de conventions collectives. Le temps de travail est généralement limité à huit heures par jour. Mais il dure souvent bien plus longtemps et comprend la stricte application de la doctrine de management, en place chez Toyota : rangement, débarras, nettoyage, ordre, amélioration continue, flux tendus (gestion des stocks), etc. Il existe une frontière réelle entre travail et hors-travail.
Source de la valeur et productivité	La valeur du produit provient du travail et de la qualité du produit et de sa capacité à satisfaire les besoins diversifiés des consommateurs. Les gains de productivité résultent de la combinaison des économies de coût et de variété.

La nature du rapport salarial : le rapport salarial est de nature duale. L'encadrement, il est stable, car les dirigeants ont pour ultime objectif l'accroissement de la productivité. En revanche, côté travailleur, il est instable, car les salariés sont soumis, assez souvent, à une cadence de travail plus poussée. Cette instabilité est relativement atténuée par la part d'autonomie dont disposent les ouvriers dans leur travail et par leur participation aux tâches de conception. Par ailleurs, nous constatons que le travailleur doit s'impliquer davantage dans l'exécution comme dans la conception, donc dans l'intégralité du procès de travail. En effet, le travailleur non performant ou nonchalant, qui n'intervient que rarement dans l'amélioration des conditions de réalisation du procès du travail, n'a pas d'avenir dans l'entreprise, et est tôt ou tard congédié, productivité oblige.

La place de la connaissance et du savoir-faire dans le rapport salarial toyotiste : les travailleurs mobilisent potentiellement leurs connaissances tacites et leurs savoir-faire au service de la production. Chaque travailleur est incité à contribuer énergiquement au procès du travail s'il ne veut pas se voir accusé de paresse dans l'exercice de ses fonctions et risquer ainsi de se faire licencier. Les principes de la division technique du travail sont remis en cause. Des mesures organisationnelles flexibles sont appliquées afin d'orienter les travailleurs vers une logique impérative, qui les oblige, dans un souci de meilleure productivité, à mobiliser au mieux leurs facultés physiques et intellectuelles.

Toutefois, le modèle productif toyotiste est contraint par une série de limites :

1 – en dépit de multiples tentatives d'aménagement, le travail à la chaîne demeure particulièrement intensif. La chaîne s'avère encore être une machine à briser le corps, voire l'être tout entier. Le sentiment d'aliénation semble toujours présent dans la construction automobile toyotiste ;

2 – bien que la polyvalence ne soit pas spécifique chez Toyota, elle est habilement légitimée au nom de l'autonomie offerte à chaque opérateur. En réalité, ce sont les équipes qui sont autonomes, non les ouvriers, comme le suggèrent les requalifications en *team members* pour désigner les ouvriers, *team leaders* pour les chefs d'équipe et *group leaders* pour les contremaîtres. Officiellement, le *team member* est la personne-clé. Mais, sur les questions décisives que sont les cadences et l'organisation du travail, son avis n'est pas pris en compte ;

3 – pour justifier le mythe du travail en équipe, l'organisation de l'emploi toyotiste devrait reposer sur des contrats de longue durée et des promotions de carrière. Or, la proportion de contrats temporaires est loin d'être négligeable : elle représentait près d'un tiers des contrats aux usines de Nagoya par exemple (Kamata, 2008, op.cit., Pp. 11-15) ;

4 – le toyotisme ignore un bon nombre d'accidents du travail, bien que plusieurs surviennent dans ces ateliers. Ces risques sont souvent causés ou amplifiés par les heures supplémentaires qui, chez Toyota, ne sont pas occasionnelles, mais font partie intrinsèque de l'organisation du travail. Lorsqu'un accident ou une pathologie survient, l'entreprise a beau jeu d'en rejeter la faute sur les travailleurs ;

5 – pour soigner son image, l'entreprise réinvestit une part importante de ses bénéfices en budget publicitaire. Au Japon, la firme est la première annonceuse, tous secteurs confondus. Cette position de force inciterait certains médias et éditeurs à l'autocensure. Dans les rayons des librairies, les apologies managériales du modèle Toyota occupent en effet toute la place, aux dépens des récits détaillés et critiques à l'égard de l'entreprise ;
6 – un autre point sombre dans l'organisation toyotiste caractérise l'organisation syndicale. En effet, ce sont en général les contremaîtres, les chefs ou sous-chefs d'équipe qui deviennent les permanents des organisations syndicales. Les délégués syndicaux d'atelier sont pris par roulement parmi les chefs d'atelier. Les responsables syndicaux, qui constituent le comité exécutif, sont en principe élus ; ils sont en réalité nommés par les chefs.
Au final, compte tenu de l'impact de ses limites sur le bon fonctionnement et la pérennité du modèle toyotiste dans le tissu industriel des pays développés, il nous semble nécessaire de relativiser sa place dans les structures productives postfordistes et d'admettre le fait que la dimension cognitive du travail occupe une place relativement importante dans ses structures productives et organisationnelles. Notons enfin que dans d'autres stratégies productives postfordistes, cette dimension cognitive du travail est au cœur de la sphère productive, comme nous le verrons dans la production réflexive, qui a été incarnée par les principes productifs et organisationnels du modèle sociotechnique suédois dont les principaux traits peuvent être présentés dans l'analyse suivante :

3 – Le modèle Volvo – Uddevalla : la production réflexive

À la fin des années 1980, l'industrie automobile met en place une autre forme organisationnelle originelle, en rupture avec l'usage de la chaîne de montage. L'entreprise Volvo[24] d'assemblage de

---

[24] Volvo, constructeur de voitures de tourisme à ses origines (1927), a étendu ses activités dans le domaine des moyens de transport (camions, autocars et bus) et des moteurs de toutes sortes (avions, bateaux, industries), et plus récemment dans le secteur agroalimentaire, le courtage (fruit et pétrole) et l'industrie pharmaceutique, devenant ainsi le premier groupe d'Europe du Nord. Les branches automobiles et véhicules industriels demeurent cependant et de loin les plus importantes avec respectivement 44.7 % et 33.7 % du chiffre d'affaires en 1990. Les ventes de voitures particulières de Volvo, positionnées dans le haut de gamme, connaissent une croissance ininterrompue jusqu'en 1972, année où elles atteignent 270 000 véhicules. Les effectifs ont fortement augmenté, ainsi que la proportion de travailleurs étrangers parmi eux. C'est à partir du milieu des

véhicules est à l'initiative de ce modèle. Située à Uddevalla, en Suède, elle opte pour une démarche visant à systématiser les expériences antérieures d'organisation du travail. Le travail à la chaîne est supprimé. À la place s'organise une nouvelle forme de travail fondée sur l'autonomie des équipes. Cette démarche, radicalement nouvelle, rompt définitivement avec le principe de décomposition recomposition selon l'économie théorique des temps. Dans cette nouvelle logique productive, le travail de montage est réorganisé suivant la logique de structuration et de fonctionnement du véhicule à assembler. « Le produit guide ainsi lui-même son propre montage et donne la possibilité au monteur d'anticiper mentalement sur ce qu'il doit logiquement trouver comme pièces. D'où le nom de 'production réflexive' donnée par ses concepteurs à cette conception du travail. » (Freyssinet, 1995, p. 4).

Chez Volvo, les véhicules sont entièrement montés en station fixe par deux ou quatre ouvriers, au sein d'une équipe composée de neuf personnes (M. Freyssinet, 1995). La cadence de fabrication est fixée par la direction du site. L'assemblage repose notamment sur la mise en place de quatre portiques d'assemblage (ou postes de montage) permettant d'assembler quatre véhicules simultanément (Chabaud et Parthenay, 1999). Les salariés, qui travaillent par groupes de deux, disposent chacun d'un établi mobile sur lequel sont rangés les outils nécessaires à l'assemblage du véhicule. Chaque salarié monte une partie du processus d'assemblage, soit environ le quart du véhicule. Aussi chaque véhicule passe sur deux postes de montage. De plus, l'équipe est dotée d'un établi de montage de la planche de bord, de deux postes d'assemblages du groupe moteur, et de deux postes de garnissage des portes. Le neuvième membre de l'équipe est le porte-parole. Il a pour fonction d'assurer la liaison entre l'équipe et le chef d'atelier. Il est également chargé d'organiser les tâches administratives journalières de l'équipe et certaines opérations de planification

---

années 1960 que les premières manifestations de la crise du travail apparaissent, donnant naissance aux innovations organisationnelles que l'on sait, symbolisées par l'usine nouvelle de Kalmar. La branche automobile de Volvo disposait, en 1992, de huit sites de montage dans le monde. Plus de 60 % des automobiles Volvo sont montées hors de Suède, essentiellement aux Pays-Bas et en Belgique. Charron et Freyssinet (1994).

(Chabaud et Parthenay, 1999). L'équipe s'insère dans un atelier. Le contrôle des véhicules montés est effectué dans une zone particulière, que les équipes utilisent « en pool », à la fois pour le contrôle du véhicule et la réalisation des retouches. Les salariés effectuent eux-mêmes les retouches nécessaires sur le véhicule qu'ils ont monté, assumant en cela la rectification de leurs erreurs. Compte tenu des aléas divers, ils peuvent opérer des choix et des arbitrages quant à l'ordre des opérations et au temps à consacrer à chacune d'elles. Le choix de cette procédure favorise la responsabilisation de chacun vis-à-vis de la gestion de la qualité, ainsi internalisée. Selon Freyssenet et Charron (1994), à l'ouverture, l'usine devait avoir six ateliers d'assemblage. Chaque atelier devait être formé de huit groupes de travail, chaque groupe devant parvenir à monter complètement quatre véhicules par jour pendant 208 jours travaillés annuellement (Charron et Freyssenet, 1994).
En définitive, il n'y a donc pas de chaîne de montage à l'usine d'Uddevalla. On apporte automatiquement, d'un magasin central à chaque station, à l'aide de chariots filoguidés, d'une part, la carrosserie peinte et, d'autre part, les pièces et les sous-ensembles mécaniques nécessaires au montage du véhicule mis en production (Freyssinet, 1995). Par ailleurs, par l'activité de montage des véhicules, les ouvriers appréhendent l'ensemble des composants du produit et du processus d'assemblage en respectant les temps alloués par type de véhicule. Le système uddevallien partage avec les systèmes fordiens et toyotiens le principe industriel de standardisation-interchangeabilité des pièces.
Sur le plan théorique, cette forme organisationnelle s'articule autour des éléments suivants :
1 – une coordination décentralisée et horizontale : si l'on en juge par la description du fonctionnement des équipes de travail, la coordination des tâches s'opère de manière horizontale. Les ouvriers disposent d'une grande autonomie procédurale dans le montage de véhicules. De fait, leur hiérarchie n'intervient pas dans la sphère d'exécution. Ainsi, chaque salarié doit pouvoir traiter l'information et prendre les décisions nécessaires à un cycle de travail d'une durée de deux heures. Au cours de ce cycle, il assemble une centaine de pièces et coordonne son travail avec celui des autres salariés. La coordination entre les salariés est possible grâce à leur connaissance de l'intelligence et des pratiques du processus d'assemblage. Un langage commun les unit, qui repose

sur le classement par famille des pièces à assembler pour le montage du véhicule. Ce classement se fait en fonction de la logique d'assemblage. On distingue ainsi quatre sous-ensembles de composants : intérieur, joints et décors, systèmes d'alimentation et direction. L'avantage de cette coordination est de réduire et de simplifier les besoins en coordination grâce à un système d'information ad hoc.

2 – Un dispositif d'apprentissage particulier : les ouvriers apprennent à maîtriser le processus de production. Le dispositif d'apprentissage ne repose donc plus sur la mémorisation des gestes élémentaires. Quatorze mois sont nécessaires pour acquérir la maîtrise du montage d'un quart de véhicule. L'apprentissage a pour but de donner à l'ouvrier les compétences qui lui permettront d'agir de manière efficace durant l'exercice de ses tâches au sein de son équipe.

3 – Des incitations centralisées **:** des mécanismes incitatifs sont mis en place. Un dispositif relie rémunération et compétences et un marché interne du travail voit le jour. Le niveau de salaire repose essentiellement sur la capacité de l'ouvrier à monter une partie du véhicule. Dans ce registre des incitations, il convient de noter que « les responsabilités prises par les membres au sein de l'équipe, ajoutent 0.81 à l'indice de rémunération de l'agent, à l'exception de la fonction de porte-parole du groupe qui permet l'obtention d'un bonus de 4.06 %. » (Chabaud et Parthenay, 1999, p. 58). En outre, «le développement des compétences passe par une longue période de formation qui avoisine 14 mois. » (Chabaud et Parthenay, 1999, op.cit., p. 59). Cette formation coûteuse suppose une relation durable entre l'entreprise et ses salariés. En résumé, la firme Volvo développe des schémas d'incitation (salaires de compétences et amélioration des conditions de travail) pour disposer d'une main-d'œuvre stable.

4 – Un environnement institutionnel favorable : l'environnement institutionnel suédois joue un rôle permissif dans l'essor de l'organisation du travail du modèle suédois. Soulignons notamment deux particularités institutionnelles favorables à l'expansion du modèle d'Uddevalla :

i) – sur le marché du travail : l'État mène une politique active de l'emploi pour faciliter la reconversion des salariés. De même, la loi sur la codétermination (1976) impose à l'employeur de négocier avec des syndicats tout changement survenant dans l'entreprise, dès lors qu'il est susceptible d'affecter les conditions de travail.

Autrement dit, cette loi donne aux syndicats un pouvoir de codécision avec le patronat sur l'embauche, les licenciements ainsi que sur l'organisation du travail (Charron et Freyssinet, 1994). Par ailleurs, un dispositif de formation reconversion de la main-d'œuvre finance les actions des entreprises. L'État prend ainsi en charge les salaires des personnes embauchées pendant plus d'un an dans le cas d'Uddevalla.
ii) – le contexte institutionnel du marché des capitaux permet aux entreprises suédoises de privilégier le recours à l'endettement bancaire. Des prêts à taux réduits soutiennent les entreprises dans cette démarche. De même, on favorise l'autofinancement, car les profits non réinvestis et les dividendes des entreprises sont fortement taxés. Dans l'ensemble, ce contexte favorise le développement de stratégies à long terme, donc, la mise en place d'une organisation du travail fondée sur des relations à long terme.
Ces pratiques d'organisation du travail, innovantes et participatives, s'inscrivent dans la tradition des réflexions de l'école sociotechnique. Leur caractéristique principale est l'élargissement des tâches, facilité par l'allongement des temps de cycle et l'autonomie de la prise de décision. Le tableau suivant reprend les principaux traits organisationnels du modèle suédois.

Tableau n° 4 : Le modèle suédois : prépondérance des principes cognitifs

INDICATEURS	**CARACTERISTIQUES**
Principe général d'organisation	Production en petite et moyenne série de produits variés fréquemment renouvelés. Production en équipes autonomes et polyvalentes. Conception holistique du travail.
Objectif	Les objectifs de production sont fixés quotidiennement et doivent être remplis.
Degré de séparation entre conception et exécution	La séparation entre conception et exécution est très faible en ce qui concerne l'organisation du travail. La conception du produit demeure l'apanage de la direction. La hiérarchie peut être réduite à deux niveaux : les équipes et leur porte-parole, un chef

INDICATEURS	CARACTERISTIQUES
	d'atelier et le directeur de l'usine.
Degré d'autonomie dans le travail d'exécution	Les équipes sont autonomes et chacun des membres est capable d'exercer plusieurs tâches.
Rapport aux outils et aux machines	Maîtrise approfondie des outils et machines dans la mesure où l'équipe est autonome et totalement polyvalente dans la mesure où chacun des membres a l'impression de fabriquer entièrement une voiture.
Degré de spécialisation dans le travail d'exécution	Les équipes sont polyvalentes et autonomes. Chacun de leurs membres peut exercer plusieurs tâches. Par conséquent, la spécialisation dans l'exécution des tâches est très limitée.
Rémunération	Le salaire est relié à la compétence collective. Les écarts de salaires sont faibles grâce à la négociation salariale centralisée dans laquelle la *Lands Organisationen* (LO) a pu imposer le principe « à travail égal, salaire égal ».
Rôle de l'encadrement	Atteindre les objectifs fixés en termes de production et de diversité des produits, mais sans exercer un contrôle direct sur le processus productif.
Régime temporel	Le temps de production doit permettre de remplir les objectifs de production fixés quotidiennement. Les temps de montage à Uddevalla sont inférieurs à ceux réalisés sur une chaîne classique pour le même modèle dans l'usine-mère de Torslanda.
Source de la valeur et	La source de la valeur est le travail collectif effectué par des équipes

INDICATEURS	CARACTERISTIQUES
productivité	autonomes. La perte en termes de gains de productivité est compensée par des économies de variété.

Nature du rapport salarial du modèle suédois

Le rapport salarial du modèle suédois est stable. Les relations entre les salariés et leur direction se caractérisent par une grande proximité. En effet, la direction investie dans la formation des salariés afin de former une main-d'œuvre fortement qualifiée. Elle garantit également les meilleures conditions du travail à des équipes autonomes qui maîtrisent parfaitement les différentes étapes du processus productif. La coordination des opérations productives est du type horizontal. Les salariés atteignent les objectifs fixés par la direction en matière de production et engagent leur responsabilité dans la qualité du produit et la compétitivité de la firme. En contrepartie de leur travail, ils perçoivent des salaires qui correspondent à leurs compétences. Toutefois, cette stabilité du rapport salarial et cette proximité permanente entre la direction et ses salariés sont principalement dues à un environnement institutionnel suédois favorable. Les institutions suédoises soutiennent l'essor de stratégie à long terme, donc, une organisation du travail spécifique et consensuelle qui s'inscrit dans la durée.

Les piliers d'organisation du travail du modèle suédois

L'organisation du travail du modèle suédois repose notamment sur la formation et les processus d'apprentissage internes à l'entreprise. Ceux-ci permettent aux salariés d'acquérir des compétences et de les mettre en pratique, en toute autonomie, dans l'organisation du travail. Plus précisément, ces compétences représentent les connaissances tacites et scientifiques mobilisées par les salariés. Elles jouent un rôle déterminant dans l'organisation du travail du modèle suédois.

Toutefois, nous pouvons aussi relever certaines insuffisances de ce modèle :

- malgré la cohérence organisationnelle du modèle Volvo, le processus de production est peu contrôlé et le modèle n'incite pas à la généralisation des savoir-faire des salariés.
- le processus de production d'Uddevalla est peu lisible. En effet, le temps de cycle d'un travailleur est approximativement de deux

heures, ce qui rend délicate l'observation précise des performances. Par rapport aux modes d'organisation traditionnels (et leur temps de cycle de l'ordre de 1 à 2 minutes), le salarié, s'il peut disposer d'un compte rendu précis de sa performance globale, ne peut pas en revanche connaître sa performance précise dans l'assemblage de telle ou telle pièce. Se focalisant sur la logique d'ensemble du montage, le salarié ne peut pas contrôler précisément la performance de l'assemblage de chaque composant. Cet aspect peut jouer à deux niveaux :
i) sur le plan individuel, l'efficacité productive est biaisée, limitant tout effort d'amélioration ;
ii) sur le plan collectif, il est difficile de comparer l'efficacité des salariés. Ne pouvant juger que d'une performance globale, il n'est pas aisé d'identifier des sources de progrès. Ainsi, deux salariés peuvent avoir la même performance globale, tout en ayant des niveaux d'efficacité différents pour chacune des tâches accomplies.
- l'expérience d'Uddevalla ne comporte pas de dispositif à même de favoriser la capitalisation et la transmission des savoir-faire entre salariés. Le système ne prévoit pas de rotation des postes de travail. Très long, le temps d'apprentissage, sur un poste de travail, ne permet pas la rotation au sein de l'équipe. Par ailleurs, il n'est pas prévu de rotation entre les équipes. Enfin, il n'existe ni cercle de qualité, ni démarche du type kaizen, caractéristiques du modèle toyotien.
En conclusion, l'organisation uddevallienne ne signifie pas un retour à l'artisanat ou à un néo-artisanat, qui suspendrait ou récuserait le progrès technique. Mais elle présuppose la standardisation-interchangeabilité. Elle peut donc être considérée comme une façon différente d'associer activité manuelle, mécanisation et automatisation. Cette organisation laisse au producteur direct la part complexe du processus productif dont dépendent la qualité du produit et la flexibilité de la production. Ainsi, dans l'ensemble, nous admettons, le fait la dimension cognitive du travail est au cœur même du processus productif dans la mesure où elle est relativement prépondérante dans les phases de conception et d'exécution des produits.
En outre, l'entreprise Volvo a connu, ces dernières décennies, des évolutions historiques. Des constructeurs ont ainsi racheté la filiale Volvo automobile. Voici un rappel des faits.
L'usine d'Uddevalla, créée en 1989, est une simple usine d'assemblage. L'objectif est de produire 40 000 véhicules/an par

une équipe, à l'horizon de 1990. Cette capacité peut être doublée en passant à deux équipes. « L'effectif prévu était de 1 000 salariés pour 40 000 véhicules/an. Il devait compter *45 % de femmes*, suite à une demande des syndicats acceptée par la direction. » (Charron et Freyssenet, 1994, p. 169).
Sa production atteint 21 800 véhicules, en 1992, pour une capacité de 40 000 véhicules/an, ce qui représente 54,5 % des capacités de l'usine. Ainsi, les ateliers n'ont finalement pas tous été équipés, ni les stations de montage toutes utilisées. En revanche, l'usine était en sureffectif. « Elle comptait 820 salariés, alors que le maximum prévu était de 1 000 pour 40 000 véhicules. » (Freyssenet, 1995, p. 371). Cependant, au début des années 1990, le retournement de la conjoncture marqué notamment par la chute des ventes de véhicules du groupe, n'a pas conduit à une réduction rapide du nombre d'emplois. Outre l'espérance d'une reprise du marché, les salariés en formation étaient inscrits à l'effectif. Or, ils étaient payés par l'État au titre de la reconversion industrielle de la zone portuaire où est implantée Uddevalla. En surcapacité dès la fin 1992, Volvo Car Corporation décide de fermer l'usine d'Uddevalla au printemps 1993.
La création d'une joint-venture entre Volvo Car Corporation et Pininfarina S.p.a permet la réouverture de l'usine en 1995. Pininfarina est l'actionnaire majoritaire. L'objectif de cette joint-venture est la fabrication de la Volvo cabriolet C 70[25]. Mais, en 2010, la production du cabriolet atteint 10 000 unités. Les faibles volumes de production de l'usine d'Uddevalla ne justifient donc pas la poursuite de l'activité. Ainsi, les deux entreprises mettent un terme à la joint-venture en 2013. Volvo Car Corporation devient alors l'unique propriétaire de l'usine d'Uddevalla[26]. Selon la direction, l'usine d'Uddevalla devrait à nouveau fermer, en 2013, et ses effectifs se verront proposer d'autres postes dans les usines suédoises, en particulier à Göteborg.

---

[25] Source : http://actuauto.ch/2011/10/volvo-a-uddevalla-restructuration-importante-pour-le-groupe-sino-suedois/

[26] Selon la direction de Volvo Car Corporation, « un constructeur automobile de la taille de Volvo ne peut pas, d'un point de vue financier, justifier une usine qui fabrique un modèle unique avec des rendements aussi faibles". Source : http://actuauto.ch/2011/10/volvo-a-uddevalla-restructuration-importante-pour-le-groupe-sino-suedois/

En définitive, l'affirmation de la montée en puissance de la dimension cognitive du travail dans les processus productifs postfordistes de petite et moyenne série a permis de montrer l'avènement de nouveaux dispositifs organisationnels qui fondent en partie la forme canonique de la division cognitive du travail. Elle a aussi le mérite de confirmer les conclusions théoriques, qui ont mis en avant la variété des formes de diffusion des principes de la division cognitive du travail dans le temps et dans l'espace.

Conclusion du premier chapitre

Les contributions théoriques explorées dans le premier chapitre ont montré une pluralité des formes de diffusion des principes de la division cognitive du travail dans l'espace.

Sur ces bases, nous avons affirmé que cette forme organisationnelle n'est pas uniforme et n'existe pas à l'état pur.

Nous avons également mis en exergue la montée en puissance de la dimension cognitive du travail dans la production postfordiste de petite et moyenne série. Cette tendance a été incarnée par la réémergence du modèle artisanal et par le développement de nouvelles formes de production du type réflexives et juste-à-temps.

Au final, sur la base des enseignements du premier chapitre, nous allons procéder à l'élaboration du modèle idéal-type de la division cognitive du travail et à la définition de ce concept de division cognitive du travail. Ce travail fera l'objet de notre analyse dans le second chapitre.

CHAPITRE II – POUR UNE ANALYSE DES ACTIVITÉS COGNITIVES

Notre principal objectif dans ce second chapitre est d'élaborer un modèle idéal-type de la division cognitive du travail. Pour ce faire, nous mettons en évidence les principaux traits de la division cognitive du travail, en comparant ses principes avec ceux du modèle idéal-type de la division technique du travail. Cette comparaison permet de montrer le contraste entre les deux formes organisationnelles notamment en matière de la place de la connaissance et de la mobilisation de la subjectivité des salariés. Au préalable, il convient d'identifier les obstacles inhérents à l'analyse et au développement des activités cognitives. Puis, nous présentons l'origine et l'évolution de la division technique du travail.

I – Les difficultés inhérentes à l'analyse des activités cognitives

Le développement et la diffusion des activités cognitives dans la sphère productive et organisationnelle des modèles productifs contemporains se heurtent à un certain nombre d'obstacles. Ceux-ci rendent difficile la réalisation d'une analyse théorique sur le phénomène et sur sa dimension organisationnelle. Dans l'ensemble, les économistes spécialistes des activités cognitives et immatérielles distinguent une série d'obstacles inhérents à l'exercice et l'analyse des activités cognitives. Ils mettent en avant un certain nombre d'enjeux et de contradictions qui se manifestent lors de leur accomplissement. Ces obstacles peuvent être présentés dans les points suivants :

1 – la réalisation des activités cognitives s'opère selon deux effets : immédiat et médiat. Dans ses travaux de recherche sur les activités immatérielles, Du Tertre (2006) a explicité les deux effets de la manière suivante : « les effets immédiats auprès des bénéficiaires directs de l'activité cognitive, où les impacts et les résultats recherchés à travers l'activité cognitive apparaissent dès la fin de la tâche et sont appropriés directement par l'entreprise ; les effets « médiats » qui ne se révèlent pas dans l'instantané, où certains effets utiles de l'activité se réalisent avec un décalage temporel auprès du travailleur, et/ où se diffusent auprès d'autres acteurs que ce dernier. Il s'agit, ici, tant d'une diffusion potentielle d'effets en réseau à l'intérieur qu'à l'extérieur de l'entreprise. » (Du Tertre, 2007, p. 7). Il convient aussi de noter que « ces effets médiats peuvent être intentionnels ou inintentionnels. Leur appropriation dépend de la capacité des acteurs (travailleurs cognitifs et dirigeants) à identifier ces impacts et à mettre en œuvre des dispositifs visant leur accumulation à des fins de valorisation au sein de l'entreprise. » (Du Tertre, 2007, op.cit. p. 7). Ainsi, le déroulement de ces activités cognitives selon ces deux effets empêche de déterminer avec précision la nature et le périmètre pertinent de l'activité.

2 – Les problèmes d'évaluation des activités immatérielles : dans la mesure où les effets qui s'exercent sur ces activités sont de deux natures : médiates et immédiates. Cette coexistence de ces deux effets pose le problème des modalités de leur évaluation. En effet, il apparaît impossible de limiter l'approche de la performance à l'usage d'indicateurs de mesure relevant de registres encastrés les uns dans les autres : la qualité d'abord, la productivité ensuite, la rentabilité enfin. La dimension cognitive invite à admettre l'aspect non homogène, donc non intégrable des variables retenues comme essentielles[27].

3 – l'affaiblissement des frontières traditionnelles entre travail et hors travail : la coupure entre travail sur site et temps libre hors site tend à ne plus être aussi inflexible qu'avant. En effet, le développement des activités cognitives provoque un prolongement de l'activité de travail hors site, en dehors des heures prévues pour le travail : « on continue à penser à son travail, aux difficultés à

---

27 « Les processus d'évaluation apparaissent comme des construits sociaux dont la puissance d'action renvoie à la légitimité du dispositif. L'existence de procédures d'évaluation, dont l'objet est de rendre compte de ces effets médiats, est essentielle. En effet, l'entreprise, dans laquelle se déroule l'activité cognitive, ne pourra évaluer leurs effets médiats que si elle en a prévu l'existence potentielle. Par ailleurs, la dimension cognitive des activités appelle l'existence de dispositifs institutionnels (processus de coordination) pouvant assurer cette articulation interne et externe qui leur est propre. En d'autres termes, les effets médiats dépassant le cadre de l'entreprise peuvent être considérés comme des externalités positives agissant comme ressources pour d'autres acteurs. La mise en synergie de ces ressources permet le renforcement de leur potentiel productif au niveau d'un territoire ou d'un secteur d'activité. Par ailleurs, l'importance croissante de ces effets médiats rend difficile la délimitation avec précision du champ d'activité cognitive compte tenu du caractère intangible de ces activités. En revanche, l'approche industrielle du régime d'accumulation intensive sous-estime l'intérêt et l'impact des effets «médiats» qui s'opèrent hors du champ de l'entreprise, et les effets de synergie et les opportunités de démultiplication de ces effets externes lorsqu'ils sont coordonnés et pilotés. » (Du Tertre, 2007. Investissements immatériels et patrimoine collectif immatériel, p.11).

surmonter, aux régulations à apporter, aux innovations à impulser, en dehors du lieu de travail. » (Du Tertre, 2001, op.cit., p. 47). En outre, les travailleurs mobilisent l'expérience acquise dans des activités non salariées au sein du travail salarié. Cette mobilisation de l'expérience externe à l'activité forme de plus en plus l'une des dimensions essentielles des compétences requises dans le travail salarié[28].

4 – le partage de référents dans l'exercice des activités cognitives : l'exercice des activités cognitives nécessite le partage d'un certain nombre de référents ou de prérequis. Nous ne pouvons espérer exercer un métier ou une fonction dont le contenu est relativement intensif en connaissance, si nous n'avons pas acquis au préalable les compétences nécessaires et spécifiques à ce travail cognitif.

5 – la synchronisation temporelle entre la production d'un bien (ou service) et sa consommation ou son appropriation par le client : elle pose aussi le problème de l'évaluation de la qualité du bien ou du service rendu et rend difficile la mesure de la rentabilité du producteur ou du travailleur. Ce genre de problème peut se rencontrer dans les activités de service telles que par exemple les activités de l'enseignement et les activités techniques liées à l'apprentissage et à la maîtrise des technologies avancées.

Dans l'ensemble, ses différents obstacles que nous avons exposés témoignent de l'existence de difficultés réelles dans l'exercice et l'évaluation des activités cognitives (immatérielles). Toutefois, ces obstacles n'entravent pas le bon déroulement des processus productifs du type matériel, notamment les industries motrices du fordisme. Notons que celles-ci, s'organisent selon le principe de segmentation de processus productif en tâches simples et complémentaires où chaque ouvrier est censé exécuter une seule tâche d'une manière répétitive. Cette forme organisationnelle que nous appelons la division technique du travail a trouvée son apogée durant les *Trente Glorieuses*. Son origine et l'évolution de ses principes seront mises en évidence dans les traits suivants :

---

28 La logique cumulative du savoir et de la formation qui intervient dans les activités cognitives impose progressivement une réorganisation du rapport travail / non-travail, au sein de laquelle le temps libre n'est plus un temps résiduel, mais un temps opératoire. (Du Tertre, 2001, p. 47).

II – Origine et évolution des principes de la division technique du travail

C'est avec l'avènement progressif du capitalisme manufacturier et de la première révolution industrielle que l'analyse de la division technique du travail a pris une place de plus en plus centrale et des formes nouvelles. En effet, la mise en application progressive des principes de la division technique constitue le fondement de l'accumulation du capital physique. Ainsi, son origine est étroitement liée au passage du modèle artisanal au paradigme de la production en série. Cette transition marque le pas vers la bifurcation de la première révolution industrielle. Notons encore que dans cette logique industrielle et marchande, le concept de la division du travail a également fait l'objet de plusieurs descriptions. David Hume[29], Bernard Mandeville[30] et par la suite Adam Smith, ont apporté les premières contributions fondatrices de l'analyse de ce concept. Puis, au fil du temps, Babbage, Fayol, Taylor et Ford ont développé, d'un point de vue empirique et théorique, la mise en application des principes de la division technique du travail dans la production industrielle. D'une manière synthétique, l'analyse portant sur l'origine et l'évolution des principes de la division technique peut être présentée dans les points suivants : i) le premier point explore l'origine du concept de la division technique ; le

[29] David. Hume (1739) dans ses œuvres de philosophie, perçoit la division du travail comme l'un des moteurs de la constitution de la société. Selon l'auteur « c'est grâce à la société que l'homme, naturellement le plus faible des animaux, en vient à les surpasser tous, grâce à l'organisation, grâce surtout à la division du travail humain. » (Cité par Schatz, 1902, p. 67). En effet, selon Hume, la division du travail devient le principe social qui unit tous les intérêts personnels. Il affirme que « avec l'union des forces, notre pouvoir, avec la division des fonctions, notre habileté augmentent ; avec le secours mutuel que nous prêtons, nous sommes moins exposés au hasard et aux accidents. C'est par cette force, cette habileté, cette sécurité additionnelle que la société devient avantageuse. » (Cité par Schatz, 1902, op.cit., p. 68).

[30] Bernard de Mandeville (1714) utilise explicitement l'expression « division du travail », dans son ouvrage « la fable des abeilles » dans la première moitié du 18ème siècle. Selon Mandeville, la division du travail permet de faire de grandes choses avec des intelligences médiocres : "en divisant et subdivisant les occupations d'un grand service en de nombreuses parties, on peut rendre le travail de chacun si clair et si certain qu'une fois qu'il en aura un peu pris l'habitude, il lui sera presque impossible de commettre des erreurs "(Fable 2). (Cité par Girard dans l'Histoire des théories du management).

second point porte sur l'évolution et la mise en perspective historique des principes de la division technique du travail.

1 – Origine de la division technique du travail : le passage du modèle artisanal issu des corporations au paradigme de la production de masse

L'origine de la division technique du travail est liée au passage du modèle artisanal issu des corporations au paradigme de la production de masse. Selon les approches marxistes, ce passage s'est opéré sous la poussée du conflit entre capital et travail, qui a caractérisé l'évolution du mode de production capitaliste. Dans un autre registre, Mantoux (1959) explique cette transition de l'économie européenne par le développement et l'usage progressif des machines dans les processus productifs. Ainsi, il affirme que le machinisme est l'un des principaux éléments, peut-être l'élément fondamental à l'origine de la grande industrie moderne.

De même, Landes (1969) considère que trois principes président à cette mutation de l'économie européenne :

i) le remplacement de la force et de la compétence des hommes par des machines ;

ii) le remplacement des sources d'énergie animées par des sources inanimées (en particulier la transformation de la chaleur en travail) ;

iii) l'utilisation de matières premières nouvelles plus abondantes (en particulier la substitution des matières végétales ou animales par des matières d'origine minérale).

Cette grille de lecture peut être complétée avec profit par l'approche de Piore et Sabel (1989), centrée, elle, sur la structure de la demande.

De son côté, Verley (1997) développe une approche axée sur la transition des formes préindustrielles d'organisation du travail vers l'industrie moderne, à travers la succession de modèles organisationnels. Dans son raisonnement, la diffusion progressive du progrès technique serait l'un des facteurs à l'origine de cette mutation des formes organisationnelles en Europe.

Veltz (2000) a contribué à dégager les caractéristiques de trois modèles organisationnels, qui précèdent le grand mouvement de rationalisation du 20ème siècle. Ces modèles prétayloriens sont, selon l'auteur, des représentations dominantes de ce qui est essentiel et secondaire dans la valeur produite. La caractérisation de ces modèles selon un ordre préétabli et hiérarchique peut expliquer, en partie, le passage du modèle artisanal avant la bifurcation de la première révolution industrielle à la production en série et aux principes de la division technique du travail. Sur ces bases, nous allons présenter, d'une manière synthétique, l'évolution historique des principes de la division technique du travail.

2 – Une mise en perspective théorique et historique de la notion de division technique du travail

Nous rappelons tout d'abord les premières théorisations élaborées par Smith et Babbage à l'âge de la manufacture et du capitalisme industriel. Puis, nous montrons de quelle manière la division technique trouve une sorte d'aboutissement dans le modèle fordiste taylorien. Une première caractérisation des principes de la division technique du travail peut être déjà dégagée des travaux de Smith (et de Babbage). Les principaux traits de leurs analyses peuvent être déclinés dans les traits suivants :

1 – Adam Smith (1776) : première théorisation de la division technique du travail

C'est ainsi que chez Smith, durant le développement du capitalisme manufacturier que l'on trouve l'originalité et la première définition des principes de la division technique du travail. Il s'appuie sur le travail empirique de ses prédécesseurs[31], mais sans le formuler, livre une première distinction précise des concepts de division technique et division sociale du travail.
Smith évoque trois mécanismes principaux par lesquels la division technique du travail (DTT) agit sur la productivité :

---

31 Les principales contributions sont au nombre de quatre :

- l'article Épingle du dictionnaire de commerce de Savary 1723 fut le premier qui décrit la fabrication des épingles. Jacques Savary (1622 – 1690) économiste et négociant français.
- Deleyre en 1755 publia le premier grand article sur la fabrication des épingles paru dans l'encyclopédie. Il décrit la manière détaillée de fabrication des épingles. Alexandre Deleyre (1726 – 1796) Homme de lettres français dont sa principale contribution est : article Epingle à l'encyclopédie.
- Duhamel en 1761 publia l'art de l'épinglier, l'un des premiers de la série de descriptions des arts et métiers. Henri Louis Duhamel (1700 – 1782) est Physicien, Botaniste et Agronome Français.
- Perronet en 1765 : c'est Diderot qui a publié le manuscrit de Perronet à l'occasion de l'édition des planches de l'encyclopédie. Jean – Rodolphe Perronet (1708 – 1794) est ingénieur et architecte français, fondateur et premier directeur de l'école des ponts et chaussées.

- 1 - spécialisation de chaque ouvrier dans une tâche particulière qui donne nécessairement à celui-ci un degré d'habilité et de promptitude dans sa tâche, que ne peut atteindre un individu obligé de s'appliquer successivement à plusieurs opérations différentes ;
- 2 - réduction des temps morts nécessaires auparavant aux ouvriers pour passer d'une tâche à une autre ;
- 3 - invention de nouvelles machines qui permettent d'augmenter la productivité du travail[32].

Globalement, Smith a fait de la DTT le moteur qui propulse le marché dans une spirale de productivité ascendante. Toutefois, la division technique du travail reste limitée par l'étendue du marché.

2 – Charles Babbage 1833 : introduction du calcul économique dans l'atelier

Babbage a essayé de mettre en application les principes smithiens de la DTT, dans un contexte économique marqué par l'essor de la première révolution industrielle. Son apport particulier consiste dans l'introduction du calcul économique dans l'atelier, à travers une analyse fine des tâches qui permet de mesurer et de valoriser le travail que chacun fait. Il a mis en évidence un avantage que n'avaient pas vu ses prédécesseurs : la division du travail permet d'optimiser les salaires versés. Chaque tâche peut être payée à sa juste valeur, formulant ainsi le principe suivant : « la division du travail présente cet avantage, imparfaitement apprécié jusqu'à ce jour, qu'elle permet d'appliquer à chaque procédé et, par conséquent, elle permet d'acheter que le degré exact de capacité et d'instruction que réclame l'exécution de ce même procédé ; tandis que si l'ouvrage entier devait être exécuté par un seul ouvrier, cet ouvrier devrait avoir à la fois assez d'adresse pour exécuter les opérations les plus délicates, et assez de force pour exécuter les

---

32 Selon Smith, la DTT favorise l'invention de nouvelles machines pour trois raisons : la décomposition du travail en tâches de plus en plus élémentaires favorise le remplacement des travailleurs par les machines ; la construction de nouvelles machines finit à un certain moment par impulser le développement des entreprises qui se spécialisent dans la production de machines, qui à son tour devient une industrie particulière ; enfin, la DTT conduit à la formation d'une classe minoritaire d'individus ou de travailleurs spécialisés dans le travail intellectuel (spécialisation dans le travail scientifique et technologique). Cette séparation entre le travail intellectuel et le travail manuel trouvera son aboutissement dans la grande entreprise fordiste.

opérations les plus pénibles ». (Babbage, 1833, pages : 231 – 232).

Cette vision originale, dans laquelle il y a l'analyse des temps opératoires des tâches au sein des ateliers, constitue une référence théorique pour les analyses postérieures portant sur la rationalité économique et l'étude des temps opératoires dans les processus productifs.

3 – Taylor (1857) : l'organisation scientifique du travail

La contribution de Taylor se développe dans un contexte économique marqué par l'essor de la seconde révolution industrielle. Synthétiquement, le cœur du projet taylorien consiste à enlever le contrôle de l'atelier d'usinage des mains des ouvriers pour le placer entièrement dans celles de l'encadrement, c'est-à-dire substituer le contrôle scientifique à l'empirisme.

Il a adopté une démarche qui consiste à analyser scientifiquement l'organisation de travail au sein des ateliers. (L'objectif de Taylor est de mettre fin à la flânerie ouvrière qui représente une cause principale de la faiblesse de la productivité du travail).

Après de longues années d'études et d'observations sur le travail ouvrier et l'organisation au sein de l'atelier, il est parvenu à établir une organisation scientifique du travail qui tire parti de la mécanisation de la production initiée par la machine à vapeur, et pousse la division du travail jusqu'à ses dernières conséquences par trois opérations :

1 – prescription de l'opération productive : étude systématique du savoir-faire ouvrier par le bureau des méthodes, analyse du geste productif, réduction au geste simple ;

2 – séparation conception / exécution : le travail intellectuel doit être enlevé à l'atelier pour être concentré dans les bureaux de planification et d'organisation. « Ne pensez pas, le bureau des méthodes pense pour vous » dit en substance Taylor à l'un de ses ouvriers ;

3 – spécialisation de l'ouvrier dans une opération strictement définie ; extrême division du travail ; accélération du geste ; limitation des temps morts, paiement de l'ouvrier à la pièce pour le motiver.

Ses apports particuliers sont :

- - la mesure des temps opératoires ;
- - l'application du système de tarif différentiel aux pièces : ce système consiste au fait où chaque ouvrier reçoit

automatiquement et journellement un supplément de salaire en cas de succès complet, ou subit une perte en cas d'insuffisance même légère.

4 – Ford et la mécanisation de la production : introduction de la chaîne de montage dans les ateliers

Cependant, le véritable achèvement des normes de la division technique se produit avec l'association des principes tayloriens de l'organisation scientifique du travail (OST) et des principes fordiens de la mécanisation. En effet, cet aboutissement s'est réalisé durant l'apogée du fordisme, période durant laquelle l'organisation productive repose sur l'association des principes de l'OST et de la chaîne de montage, et s'appuie sur des formes nouvelles de régulation du rapport salarial incarnées notamment par les célèbres 5 dollars par jour.

Plus précisément, Ford adopte le taylorisme et y ajoute trois idées :

1 – le travail à la chaîne qui soumet le geste humain à la cadence de la machine : la chaîne déplace l'objet d'ouvrier en ouvrier. La première chaîne est mise en œuvre en 1913. Par ailleurs, Ford affiche un certain mépris à l'égard des ouvriers qui font exécuter ce travail routinier. Il écrivait dans *my life and work* l'assertion suivante : « le travail qui consiste à faire sans cesse la même chose et toujours de la même façon constitue une perspective terrifiante pour certaines organisations intellectuelles. Elle le serait pour moi. Il me serait impossible de faire la même chose d'un bout du jour à l'autre ; mais je dus me rendre compte que pour d'autres esprits, peut-être pour la plupart des esprits, ce genre de travail n'a rien d'effrayant. Pour certaines intelligences, au contraire, c'est la pensée qui est quelque chose de redoutable ».

2 – la standardisation des pièces rendant possible la production de masse, donc bon marché (baissent des coûts de production grâce aux économies d'échelle et découlant de l'effet de répétition des mêmes gestes sur des objets identiques). Chez Ford, on réduit le nombre de modèles pour simplifier la fabrication et rendre possibles les grandes séries ;

3 – la hausse des salaires et la diminution du temps de travail pour fidéliser l'ouvrier (baisse de l'absentéisme et du *turn-over*) et distribuer un revenu augmentant la demande, le pouvoir d'achat (y compris d'achat de modèles Ford T).

Au final, pour mieux cerner les différentes formes de la division technique, qui se sont diffusées, d'une manière successive, tout au long de l'évolution des modèles productifs depuis l'ère de la fabrique jusqu'à la période des Trente Glorieuses, nous allons élaborer un modèle idéal-type de la division technique du travail. Ce modèle de référence permettra de synthétiser ces différentes représentations organisationnelles et servira de base pour comprendre en quoi cette forme est devenue obsolète après la crise du fordisme.

Avant d'entrer dans les détails de modèle de référence, nous revenons sur le concept d'idéal-type. Ainsi, il convient de noter que l'usage et la construction des «idéal-types» ou «types idéaux» sont au centre de la sociologie de Max Weber (1965). Plus précisément, Weber cherche à «comprendre» les relations entre des faits humains sans se contenter seulement de repérer et de mesurer, par l'observation statistique et extérieure, des rapports de succession ou de simultanéité entre ces faits. Il est parvenu à dégager la définition suivante de l'idéal-type : « on obtient un idéal-type, en accentuant unilatéralement un ou plusieurs points de vue et en enchaînant une multitude de phénomènes isolés, diffus et discrets, que l'on trouve tantôt en grand nombre, tantôt en petit nombre, par endroits par du tout, que l'on ordonne selon les précédents points de vue choisis unilatéralement pour former un tableau de pensée homogène. » (Weber. In J. Freund, 1965, Pp. 172-173). De cette définition, on constate que l'idéal-type, au sens de Weber, « ne reflète que l'aspect qualitatif de la réalité : ce n'est pas une moyenne de données quantitatives, mais l'accentuation des traits qualitatifs. » (Fleury., 2001, p. 24). En fait, l'idéal-type s'apparente à des tableaux de pensée qui ne sont pas des représentations exactes de la réalité mais un outil conceptuel qui substitue un ensemble cohérent et rationnel à la confusion du réel. (Fleury., 2001). Notons par ailleurs que l'idéalité de cette construction conceptuelle[33] « s'exprime dans le fait qu'elle est une utopie, ou plutôt une rationalisation utopique, qui ne se rencontre jamais ou rarement dans sa pureté dans la réalité empirique et concrète. » (Freund., 1968. P. 54). En définitive, il convient de noter encore que, selon

33 Sur le plan conceptuel, « la construction idéal-type devient un moyen épistémologique de surmonter l'antagonisme entre la subjectivité inhérente au rapport aux valeurs (introduites par la nécessité d'une sélection dans le matériau chaotique) et l'objectivité exigée par les contraintes de la neutralité axiologique. En outre, elle permet de dépasser la tension constitutive de la sociologie entre les faits historiques singuliers et la généralité des régulations sociales. » (Fleury., 2001, p. 26).

Max Weber, le rôle de l'idéal-type est de donner la rigueur conceptuelle à la question étudiée[34].
Nous, nous sommes inspirés de cette approche sociologique pour élaborer un modèle idéal-type de la division technique du travail. Cet idéal-type permet d'analyser la réalité empirique, les singularités historiques de la division technique et de comparer sa diffusion spatiale avec d'autres formes organisationnelles, notamment avec la division cognitive du travail.

Tableau n° 5 : le modèle idéaltype de la division technique du travail

INDICATEURS	CARACTERISTIQUES
Principe général d'organisation	Segmentation du processus productif en tâches simples et complémentaires ; introduction de la chaîne de production et application des principes de l'OST.
Objectif	Production en série d'un produit standardisé destiné à la consommation de masse. Stratégie «volume» : augmentation de la productivité du travail et réalisation des économies d'échelle.
Degré de séparation entre conception et exécution	La séparation entre la conception et l'exécution des tâches est très poussée.
Degré d'autonomie dans le travail d'exécution	L'autonomie est très faible, car le produit est décomposé en une série de tâches simples et séparées. Chaque travailleur est fixé à un poste permanent.
Rapport aux outils et aux machines	L'ouvrier est un auxiliaire de la machine.
Degré de spécialisation dans le travail	La spécialisation est très forte, chaque tâche devient l'unique objet de

34 « Sans rigueur conceptuelle, il n'y a pas de science digne de ce nom. La méthode naturalistique à l'avantage de disposer de concepts univoques, parce qu'ils sont déterminables numériquement, tels ceux de puissance, de force, de masse, d'énergie, etc. Utilisées par les sciences humaines, ces mêmes notions restent vagues et donnent lieu à toutes les équivoques, à toutes les confusions possibles. » (Freund.1968, p. 52).

d'exécution	l'attention spéciale d'un seul individu.
Rémunération	Rémunération hiérarchisée en fonction des tâches accomplies (établissement d'une grille de rémunération et des qualifications négociée entre les partenaires sociaux).
Rôle de l'encadrement	Contrôle intégral du processus productif par le bureau des méthodes et d'organisation.
Régime temporel	Délimitation de la durée de la journée de travail selon les conventions collectives. Séparation précise entre temps de travail et temps hors-travail.
Source de la valeur et productivité	La source de la valeur reflète la quantité du travail mobilisée d'une manière plus ou moins intensive par les travailleurs pour produire un bien. Les gains de productivité résultent de l'association des principes de l'organisation scientifique du travail avec la mécanisation de la production.

Sur ces bases, nous proposons d'élaborer un modèle idéal-type de la division cognitive du travail.

III – Le modèle idéal-type de la division cognitive du travail

Les termes de « modèle idéal-type » renvoient à la complexité de la réalité empirique de la division cognitive du travail. Cette complexité est telle qu'aucune définition conceptuelle ou théorique ne peut prétendre en capturer toute l'essence. Autrement dit, la division cognitive du travail ne peut exister à l'état pur. Aussi, elle est condamnée à se combiner avec la division technique classique et d'autres dispositifs organisationnels, notamment les principes juste-à-temps et réflexifs. Ainsi, la référence à un idéal-type peut s'articuler avec cette orientation. Mais la réalité organisationnelle et productive postfordiste dans les pays développés sera toujours plus complexe. Donc, la construction du modèle idéal-type consiste à relier, dans une trame commune, ces différentes définitions de la division cognitive du travail. Ce modèle idéal-type de la division cognitive du travail permet de dresser un tableau de pensée homogène qui n'a pas pour finalité de retranscrire la réalité, mais d'interpréter le sens des différents concepts de la division cognitive du travail. En outre, il peut être également considéré comme un support de comparaison entre plusieurs formes organisationnelles plus ou moins intensives en connaissance. Ainsi, il sert à déterminer le degré de diffusion de la dimension cognitive dans les modèles productifs notamment dans l'industrie manufacturière postfordiste.

Pour ce faire, à l'aide d'une approche logico déductive, nous allons déduire les principaux traits du modèle idéal-type de la division cognitive, à partir des fondements idéaux-types du modèle de la division technique du travail. De notre point de vue, cette approche consiste à élaborer une grille de principes cognitifs par opposition à la grille qui fonde le modèle idéal-type de la division technique du travail. L'objectif est de déterminer le contraste entre la place de la connaissance et la subjectivité des salariés dans les formes organisationnelles techniques et cognitives. Ce contraste résulte également des comportements respectifs des travailleurs du savoir et des travailleurs de division technique dans la réalisation de leurs fonctions. En effet, le travailleur cognitif dispose d'une forte autonomie dans son travail et maîtrise parfaitement les machines et les outils de production. De plus, son travail s'inscrit le plus souvent dans une logique de coopération avec son encadrement. En revanche, le travailleur exécuteur de tâches routinières est relativement peu autonome en raison de sa forte spécialisation dans l'exécution des tâches et de la séparation très poussée entre la conception et l'exécution. Sa maîtrise des machines est très limitée et souvent soumise au contrôle de sa hiérarchie. En définitive, cette divergence traduit le fait que l'usage et la mobilisation des principes organisationnels cognitifs correspondent à un procès de travail qui va au-delà d'une simple segmentation du processus productif en tâches simples comme dans la division technique du travail. Le tableau n° 6 compare explicite ces divergences.

1 – les principes du modèle idéal-type de la division cognitive : une approche comparative avec les principes du modèle idéaltype de la division cognitive du travail

Les principes du modèle idéal-type de la division cognitive sont issus d'une approche comparative avec les principes du modèle idéal-type de la division technique du travail. Cette approche est explicitée dans le tableau n° 6.

Tableau n° 6 : le modèle idéal-type de la division cognitive du travail issu d'une comparaison avec les principes de la division technique du travail

INDICATEURS	CARACTERISTIQUES DE LA DIVISION TECHNIQUE DU TRAVAIL	CARACTERISTIQUES DE LA DIVISION COGNITIVE DU TRAVAIL
Principe général d'organisation	Segmentation du processus productif en tâches simples et complémentaires ; introduction de la chaîne de production et application des principes de l'OST (organisation scientifique du travail).	Ce modèle productif repose sur la mobilisation prépondérante de connaissances et savoir-faire spécifiques durant les différentes phases du processus productif. Répartition du travail cognitif selon le principe de spécialisation sur un champ d'analyse rattaché à un même domaine de principes scientifiques, voire techniques.
Objectif	Produire en série un produit standardisé destiné à la consommation de masse, mais aussi, offrir parfois une variété de produits en respectant la logique productive et les principes de la production de masse.	Production diversifiée par la qualité afin de répondre à une demande versatile et/ou concevoir un prototype.

Degré de séparation entre conception et exécution	La séparation entre la conception et l'exécution des tâches est très poussée.	La séparation entre la conception et l'exécution s'estompe. Le travailleur est pleinement impliqué dans les différentes phases du processus de production. Il engage sa responsabilité dans la qualité du produit.
Degré d'autonomie dans le travail d'exécution	L'autonomie est très faible, car le produit est décomposé en une série de tâches simples et séparées. Chaque travailleur est fixé à un poste permanent.	Le travailleur dispose d'une autonomie élargie. Celle-ci est en rupture totale avec le taylorisme. Cette autonomie concerne la manière de réaliser des objectifs hétéro-déterminés. Souvent sujette aux injonctions paradoxales dans la mesure où le salarié doit faire face à des objectifs contradictoires (quantité/qualité, etc.).
Rapport aux outils et aux machines	L'ouvrier est un auxiliaire de la machine.	Le travailleur cognitif maîtrise les outils et machines.
Degré de spécialisation dans le travail d'exécution	La spécialisation est très forte. Chaque tâche devient l'unique objet de l'attention d'un seul individu.	Spécialisation sur un champ d'analyse rattaché à un même domaine de principes scientifiques, voire techniques. Cette spécialisation étend la polyvalence du travailleur cognitif à un ensemble de tâches plus large au sein d'un même domaine.

Rémunération	En principe, la rémunération est hiérarchisée en fonction des tâches accomplies (établissement d'une grille de rémunération et des qualifications négociée par les partenaires sociaux).	Mise en place d'un système de rémunérations basé sur la personnalisation des salaires en fonction des compétences mobilisées dans l'exercice des activités confiées. Important débat sur l'avenir modèle des compétences individuelles et/ou collectives.
Rôle de l'encadrement	Contrôle intégral du processus productif par le bureau des méthodes et d'organisation.	En principe, l'encadrement a un rôle d'animation et de fixation des objectifs plus que de direction directe du travail. Coopération forte entre les travailleurs et leur encadrement.
Régime temporel	Délimitation de la durée de la journée de travail selon les conventions collectives. Séparation entre temps de travail et temps hors-travail.	La frontière entre travail et hors-travail tend à s'effacer. Le temps hors-travail devient un continuum du temps du travail.
Source de la valeur et productivité	Paradigme énergétique : la source de la valeur repose principalement sur la quantité et l'intensité du travail. Les gains de productivité résultent de l'association des principes de la mécanisation et de l'OST. Economies d'échelle et d'apprentissage.	Paradigme cognitif : la valeur repose principalement sur le travail immatériel de traitement de l'information et de la connaissance. Economies d'apprentissage liées à la créativité et aux effets de réseau.

2 - Les principes fondamentaux du modèle idéal-type de la division cognitive du travail

Sur la base des résultats de l'approche comparative, nous allons présenter de façon synthétique les principes du modèle idéal-type de la division cognitive du travail en apportant si nécessaire certaines améliorations. Le tableau n° 7 illustre les principaux traits du modèle idéal-type de la division cognitive du travail.

Tableau n° 7 : les principes fondamentaux du modèle idéal-type de la division cognitive du travail

INDICATEURS	CARACTERISTIQUES
Principe général d'organisation	Ce modèle repose sur la mobilisation prépondérante de connaissances et savoir-faire spécifiques durant les différentes phases du processus productif. Répartition du travail cognitif selon le principe de spécialisation sur un champ d'analyse rattaché à un même domaine de principes scientifiques, voire techniques.
Objectif	Production diversifiée par la qualité afin de répondre à une demande versatile.
Degré de séparation entre conception et exécution	La séparation entre la conception et l'exécution s'estompe. Le travailleur est pleinement impliqué dans les différentes phases du processus de production allant de la conception à la commercialisation. Il engage entièrement sa responsabilité dans la qualité du produit.
Degré d'autonomie dans le travail	Le travailleur dispose d'une autonomie élargie. Celle-ci est en rupture totale avec le taylorisme. Par ailleurs, cette autonomie est relativement paradoxale, dans la mesure où le salarié doit faire face à toutes les assignations, assez souvent contradictoires. Il doit aussi justifier ses actes et s'offrir au contrôle, ce qui peut entraver ses prises d'initiative.

Rapport aux outils et aux machines	Le travailleur cognitif maîtrise parfaitement les outils et machines. Il dispose d'un certain contrôle sur le processus productif.
Degré de spécialisation dans le travail	Spécialisation sur un champ d'analyse rattaché à un même domaine de principes scientifiques, voire techniques. Cette spécialisation étend la polyvalence du travailleur cognitif à un ensemble de tâches plus large à l'intérieur d'un même champ d'analyse.
Rémunération	Mise en place d'un système de rémunérations basé sur la personnalisation des salaires en fonction des compétences mobilisées dans l'exercice des activités. Cette forme de rémunération pousse les gens à être individualistes et crée des inégalités entre les salariés. En outre, ces nouveaux mécanismes salariaux constituent une rupture avec la dimension collective du travail qui a caractérisée le fordisme et son système de rémunération.
Rôle de l'encadrement	Coopération forte entre les travailleurs et leur encadrement.
Régime temporel	La frontière entre travail et hors-travail s'efface progressivement. Le temps hors-travail devient un continuum du temps de travail.
Source de la valeur et productivité	La valeur repose principalement sur le travail immatériel que nous pouvons attribuer à la créativité et à l'originalité qu'apporte chaque travailleur individuellement dans les différentes phases du produit. Par ailleurs, les gains de productivité proviennent principalement de la combinaison des compétences individuelles et des progrès technologiques.

À présent, il convient de présenter les piliers qui structurent le modèle idéal-type de la division cognitive du travail tant sur le plan productif que sur celui de son organisation.

3 – Les piliers du modèle idéal-type de la division cognitive du travail

3 – 1 sur le plan productif

La production cognitive et son organisation se réalisent grâce à la mobilisation permanente de connaissances tacites dont disposent les travailleurs durant la réalisation de toutes les étapes du processus productif. Ces connaissances tacites sont à l'origine de la conception d'un produit ou d'un service. Elles permettent de transformer une connaissance scientifique en un prototype matériel ou immatériel ayant des caractéristiques plus ou moins innovantes et qui répondent aux attentes d'une catégorie de clientèle ciblée. Ce prototype doit respecter toutes les contraintes techniques et scientifiques de modularisation qui conditionnent la cohérence formelle et fonctionnelle entre les différentes parties constitutives du produit ou du service. Puis, lors de la phase d'assemblage du produit et/ou du service, les connaissances tacites mobilisées par les travailleurs demeurent prépondérantes. Leur rôle consiste principalement à identifier les caractéristiques majeures du produit et à veiller à ce qu'elles soient opérationnelles, afin que la qualité du produit soit préservée. Notons par ailleurs que les connaissances codifiées interviennent aussi d'une manière interactive et complémentaire avec les connaissances tacites, dans la réalisation ou l'assemblage du produit. En effet, c'est grâce aux connaissances codifiées que les travailleurs exercent leurs métiers en contrôlant le système de machines de l'appareil productif cognitif et en veillant au respect des normes de qualité du produit. La mobilisation des connaissances codifiées dans le processus productif cognitif s'opère d'une manière synchronisée avec les connaissances tacites. En effet, la plupart des opérations productives cognitives s'affranchissent de la logique routinière qui caractérise la production de biens standards. Par ailleurs, les instructions productives cognitives sont mises en application avec un minimum de coordination humaine et cela grâce à la maîtrise de l'usage des connaissances codifiées incorporées dans les systèmes de machines. Le travailleur dispose de connaissances tacites indispensables et complémentaires aux connaissances codifiées sur un support matériel. Enfin, en aval du processus productif cognitif, les connaissances tacites restent encore présentes dans la commercialisation du produit et/ou du service. Les travailleurs sont amenés à mettre en valeur la qualité du produit, en donnant des explications nécessaires sur son fonctionnement et sur ses qualités novatrices. En outre, l'interaction avec les consommateurs permet aux travailleurs cognitifs d'interpréter leurs réactions face au produit proposé et de prendre en compte leurs avis, afin d'intégrer de nouvelles caractéristiques dans les nouvelles séries de produits.

3 – 2 sur le plan organisationnel

En premier lieu, l'organisation productive cognitive est pensée de manière à inciter au maximum la transformation de la connaissance en ressources disponibles et mobilisables dans la réalisation des étapes productives. Elle est également conçue pour permettre la maîtrise approfondie des aspects techniques et scientifiques liés à cette transformation, à travers les processus d'apprentissage, de formation académique et de spécialisation. Plus précisément, l'organisation cognitive repose principalement sur la combinaison de connaissances tacites et codifiées. Celles-ci interagissent dans l'esprit du travailleur cognitif, donnent un sens à son comportement dans le travail et dictent la manière dont la coordination s'opère par l'interaction des rapports humains sous des formes verticales, horizontales et réticulaires. Notons enfin que dans la réalité, cette organisation cognitive se diffuse dans l'espace, comme nous le verrons dans l'analyse suivante, selon différentes modalités. Cette analyse permet notamment de repérer leurs points communs, de discuter leurs divergences et de dégager, sur cette base, une définition plus appropriée du concept de division cognitive du travail.

VI – Les différentes formes de la division cognitive du travail et sa définition

À partir des enseignements tirés des précédentes contributions théoriques, nous présentons succinctement les différentes formes sous lesquelles la division cognitive du travail se décline dans l'espace. Puis, nous définissons le concept de division cognitive du travail en prenant en compte ses différents cas de figures.

1 – Les cinq formes de division cognitive du travail : un ancrage territorial différent selon les secteurs d'activité

Les cinq formes de la division cognitive du travail que nous avons repérées précédemment dans le tableau n° 1 (page n° 17), ont un ancrage territorial relativement différent d'un pays à un autre et d'un secteur à un autre. Chacune d'entre elles se diffuse selon des modalités historiques particulières. Certaines formes sont mobilisées dans l'organisation du travail matériel. D'autres sont associées à l'organisation du travail immatériel. Enfin, une autre catégorie organisationnelle s'applique encore à l'organisation des processus productifs hybrides, qui combinent travail physique et travail immatériel (cognitif). Nous allons caractériser, dans les lignes qui suivent, chacune de ces formes d'une manière synthétique.

1 –1 La division cognitive du travail cognitif (immatériel)

Il s'agit d'une forme organisationnelle qui se rapproche d'un état pur de la division cognitive du travail. La dimension cognitive est mobilisée, d'une manière exclusive, dans l'organisation d'un travail cognitif (immatériel). Elle se développe notamment dans certains services intensifs en connaissances, tels que par exemple le conseil aux entreprises, l'audit, l'expertise, la recherche scientifique, la recherche fondamentale, etc. Ces activités se caractérisent par leur polarisation dans des territoires d'excellence technologique qui disposent d'infrastructure et de ressources adéquates, notamment les ressources humaines, et bénéficient des effets d'agglomération. De ce fait, nous pouvons admettre que cette forme organisationnelle est susceptible d'être positivement corrélée à ce phénomène de polarisation des activités cognitives.

Afin de la différencier des autres formes organisationnelles de la division cognitive du travail, il est impératif de cerner ses principaux traits. Son principe fondamental repose sur la spécialisation sur des blocs de savoir. Elle se caractérise notamment par une forte proximité entre la sphère d'exécution et la sphère de conception ; une forte autonomie dans l'exécution des tâches ; une mobilisation systématique de la subjectivité des salariés ; une coopération horizontale ; une maîtrise parfaite des technologies et des outils productifs. Enfin, dans cette forme, la frontière traditionnelle entre le temps de travail et le temps hors travail s'efface. En synthèse, ces principaux traits sont résumés dans le tableau n° 8.

Tableau n° 8 - Les caractéristiques de la division cognitive du travail cognitif (immatériel)

Critères	**Caractéristiques**
Principe général d'organisation	Forte spécialisation sur des blocs de savoirs.
Séparation entre conception et exécution	Interaction et intégration de la conception et de l'exécution dans un même processus.
Autonomie dans le travail et degré de subjectivité mobilisée	Autonomie procédurale prépondérante. La dimension tacite des connaissances est fortement présente. La subjectivité des salariés est donc prépondérante et s'opère dans une logique de proximité et d'échange avec les partenaires.
Rapport aux outils et à l'usage de la technologie	Maîtrise des outils et de la technologie productive.
Localisation et ancrage territorial	Polarisation et ancrage sur les territoires d'excellence technologique.
Relation avec la division cognitive du travail	Pas de relation avec la division technique. Elle ne s'accorde pas avec la thèse de l'hybridation organisationnelle.

Sur cette base, nous pouvons constater que le degré de spécialisation sur les blocs de savoirs est l'élément prépondérant et structurant de cette forme. Cette forme est également très ancrée sur des territoires d'excellence technologique disposant d'un bassin d'emploi adéquat. Enfin, elle s'oppose à la logique taylorienne et ne s'accorde pas avec la thèse de l'hybridation organisationnelle.

En définitive, ces critères témoignent de la spécificité de cette forme organisationnelle par rapport aux autres, comme on le verra ci-après. Ces critères permettent aussi de justifier la pluralité des formes de diffusion de la division cognitive, notamment dans les pays développés. La division cognitive du travail cognitif n'a aucune proximité avec les principes de la division technique. En revanche, elle est relativement très proche des critères qui fondent la division cognitive du travail matériel, notamment dans les points suivants : l'autonomie dans le travail, le rapport aux outils, la séparation entre conception et exécution, etc. Il convient donc d'analyser cette nouvelle forme organisationnelle, c'est-dire la division cognitive du travail matériel, et de montrer en quoi elle est différente de la précédente.

1 – 2 La division cognitive du travail matériel

Cette forme de la division cognitive du travail repose sur le principe de mobilisation de la dimension tacite et cognitive des travailleurs dans l'organisation des processus productifs de type matériel. Elle se fonde sur le principe de spécialisation sur des blocs de savoir au sens de Mouhoud et Moati (1994). Elle se diffuse dans de nombreux secteurs d'activité notamment dans les industries pharmaceutiques et de l'automobile.

En effet, cette forme organisationnelle est sollicitée dans l'organisation des activités en amont et en aval du processus productif de l'industrie pharmaceutique, particulièrement dans la R&D. Elle vise à développer une réflexion permanente et multidisciplinaire, fondée sur les complémentarités entre les savoirs des travailleurs. Son objectif est de rendre possible l'éviction d'une molécule à tout moment du développement de ces activités de recherche. Cela étant, cette nouvelle forme organisationnelle est en rupture avec l'ancienne organisation de la R&D, qui se caractérise par la mobilisation d'une logique taylorienne fonctionnelle par étapes successives.

Cette forme organisationnelle s'est également développée dans l'organisation du modèle sociotechnique suédois (Uddevalla). Dans l'ensemble, son organisation repose sur la mobilisation de la subjectivité des salariés au sein d'équipes autonomes. Plus précisément, dans cette organisation, les salariés s'engagent dans une logique réflexive et coopérative grâce à leur maîtrise des différentes étapes d'assemblages d'un véhicule. Notons que cette forme organisationnelle réflexive était conçue comme une forme alternative à la logique taylorienne d'organisation du travail en Suède.

En outre, le modèle productif artisanal s'organise aussi selon le principe de la division cognitive du travail. En effet, ces activités que nous avons citées comme exemple ainsi que leur organisation sont souvent ancrées sur des territoires attractifs en matière de technologies et de main-d'œuvre, mais leur tendance à la polarisation est moins forte que dans la forme précédente.

D'une manière synthétique, le tableau n° 9 identifie les principales caractéristiques de la division cognitive du travail matériel.

Tableau n° 9 : les caractéristiques de la division cognitive du travail matériel

Critères	**Caractéristiques**
Principe général d'organisation	Spécialisation sur des blocs de savoir.
Séparation entre conception et exécution	La séparation entre conception et exécution est relativement faible.
Autonomie dans le travail et degré de subjectivité mobilisée	Forte autonomie dans le travail. La subjectivité des travailleurs est significativement sollicitée et mobilisée.
Rapport aux outils et à l'usage de la technologie	Maîtrise relativement forte de la technologie productive.
Localisation et ancrage territorial	La tendance à la polarisation est moins forte. Ancrage sur des territoires attractifs, notamment en termes de technologie, d'infrastructures et de bassins d'emploi.
Relation avec la division cognitive du travail	Pas d'imbrication avec les principes de la division technique du travail. Cette forme organisationnelle ne justifie pas la logique d'hybridation des formes organisationnelles.

Cette seconde forme organisationnelle de la division cognitive du travail est dédiée à l'organisation du travail matériel. Mais elle diffère également de la division cognitive du travail immatériel sur un certain nombre de caractéristiques. Les critères de localisation et de séparation entre conception et exécution chez l'une et chez l'autre sont relativement différents. Ainsi, comme le montre le tableau ci-dessus, nous pouvons constater que la division cognitive du travail matériel est moins polaire que celle du travail immatériel ; de même que son degré de séparation entre conception et exécution est relativement faible, alors qu'il presque nul ou inexistant dans la première forme de la division cognitive que nous avons présentée.

Enfin, ces deux formes de division cognitive s'accordent aussi sur de nombreux points : elles s'opposent aux principes de la forme taylorienne et ne témoignent pas de l'existence d'une logique d'hybridation organisationnelle. Celle-ci a été mise en exergue par d'autres formes de la division cognitive telle que par exemple la division hybride du travail cognitif (immatériel) et la division hybride du travail matériel.

1 – 3 La division hybride du travail cognitif (immatériel)

Il s'agit d'une forme organisationnelle hybride mobilisée dans l'organisation du travail cognitif du type immatériel. Elle se caractérise par une forte interaction des principes cognitifs avec d'autres principes organisationnels, qui ne se rattachent pas nécessairement à la division technique. On peut la repérer dans l'organisation d'un certain nombre d'activités de service comme, par exemple, les activités de dépannage et d'intervention face à des pannes. Dans ces activités, le prestataire de services se spécialise sur un champ d'analyse ou un bloc de savoir spécifique à la fabrication du produit et à son usage. Lorsqu'il intervient pour réparer ledit produit, il doit mobiliser des principes cognitifs tacites pour détecter la panne. Puis, pour la réparer, il s'appuie sur d'autres principes, notamment de type routinier consistant en général à décomposer le produit en fragments pour retirer la pièce défectueuse et la remplacer, et réintégrer ensuite les différents composants du produit. En outre, l'ancrage territorial de ces activités est peu significatif. Elles ne sont donc soumises à aucune logique de polarisation.

En synthèse, nous pouvons regrouper dans le tableau suivant les principales caractéristiques de cette forme organisationnelle.

Tableau n° 10 : les caractéristiques de la division hybride du travail cognitif

Critères	**Caractéristiques**
Principe général d'organisation	Spécialisation sur un champ d'analyse propre à un domaine particulier et /ou sur des blocs de savoir.
Séparation entre conception et exécution	La séparation entre conception et exécution est moins significative.
Autonomie dans le travail et degré de subjectivité mobilisée	L'autonomie dans le travail d'exécution est effective. La subjectivité et les connaissances tacites sont mobilisées.
Rapport aux outils et à l'usage de la technologie	Maîtrise réelle des outils et de la technologie productive.

Critères	Caractéristiques
Localisation et ancrage territorial	La localisation et l'ancrage territorial sont très peu significatifs.
Relation avec la division cognitive du travail	La relation avec la division technique est peu significative. Mais il existe une imbrication des principes cognitifs avec d'autres principes organisationnels de type peu routinier. La logique d'hybridation est confirmée.

Sur la base de ce tableau, nous constatons que cette forme de la division cognitive du travail s'imbrique avec d'autres principes organisationnels. Ainsi, elle justifie la thèse de l'hybridation organisationnelle développée par Mouhoud et Plihon (2009). Sur ce point, elle se différencie des formes précédentes. De même, son ancrage territorial est relativement distinct de celui des autres formes étudiées. Toutefois, sur un certain nombre de traits tels que par exemple le principe de spécialisation, le rapport aux outils, l'autonomie dans le travail, etc., il semble qu'elle soit en harmonie avec les deux autres formes de la division cognitive déjà présentées. Enfin, comme on le verra, elle est relativement similaire à la division hybride du travail matériel.

1 – 4 La division hybride du travail matériel

Cette forme organisationnelle se caractérise par une imbrication des principes cognitifs avec d'autres principes moins routiniers dans l'organisation des productions matérielles. Elle s'articule avec le principe de découpage du processus productif en trois étapes : amont, exécution et aval. Ainsi, en amont et en aval du processus productif, les principes cognitifs sont plus appropriés dans l'organisation de ces activités. En revanche, dans la sphère d'exécution, ce sont les principes tayloriens qui priment dans son organisation. La division hybride du travail matériel est relativement mobilisée dans certaines industries, notamment dans l'industrie de la chaussure. Par exemple, Nike et Adidas, leaders mondiaux de la chaussure de sport, s'organisent selon cette logique. Leurs activités de R&D et de conception (activités en amont), ainsi que leur marketing (activité en aval), mobilisent tous les principes de la division cognitive du travail. Dans la phase d'exécution, l'organisation ne repose pas sur la même logique que dans la division taylorienne du travail : il s'agit moins d'assembler des pièces standardisées que d'intégrer des savoirs. La comptabilité n'est pas assurée à l'avance, mais se construit au cours du processus productif.

Sur le plan de la localisation, les activités en amont et en aval sont ancrées sur des territoires d'excellence technologique et elles sont sujettes à la polarisation. En revanche, la sphère d'exécution se localise suivant le principe des avantages comparatifs en matière de coûts de production (coûts salariaux). Cette activité n'a guère tendance à être polarisée. Cela vaut également pour les formes organisationnelles qui structurent ces activités.

Plus précisément, le tableau n° 11 décline les principales caractéristiques de la division hybride du travail matériel.

Tableau n° 11 : les caractéristiques de la division hybride du travail matériel

Critères	**Caractéristiques**
Principe général d'organisation	Organisation duale. L'amont et l'aval du processus productif sont organisés selon la logique cognitive. L'exécution s'opère selon des principes moins routiniers.
Séparation entre conception et exécution	La séparation entre conception et exécution est effective.
Autonomie dans le travail et degré de subjectivité mobilisée.	L'autonomie est significativement forte. La dimension tacite du savoir et la subjectivité du salarié sont souvent mobilisées.
Rapport aux outils et à l'usage de la technologie	La technologie productive ainsi que les outils sont maîtrisés.
Localisation et ancrage territorial	Tendance à la polarisation des activités amont et aval. Recours à la délocalisation pour la sphère d'exécution (minimisation des coûts).
Relation avec la division cognitive du travail	La relation avec la division technique est moins significative. Mobilisation d'autres principes organisationnels moins routiniers.

Sa caractérisation témoigne de l'existence d'une autre logique d'organisation productive dans les économies contemporaines. Celle-ci suit le principe de segmentation du processus productif en trois étapes: amont, exécution et aval. Les principes cognitifs sont mobilisés en amont et en aval du processus productif. Les principes techniques sont appliqués lors de la phase d'exécution. Sur cette base, se forge une configuration d'ensemble, qui reflète l'hybridation des formes organisationnelles. Son fondement repose sur la complémentarité des deux dimensions de la concurrence, liées à l'intensité des innovations et aux prix (Mouhoud et Plihon, 2009).

En définitive, cette forme organisationnelle représente une autre variante de la division cognitive du travail. Elle confirme de fait la thèse de la pluralité de ses formes observées dans les pays développés. Cette diversité peut en outre se manifester sous d'autres modalités, comme nous le verrons, notamment dans l'application des principes de la division technique dans l'organisation du travail cognitif.

1 – 5 La division technique du travail cognitif (immatériel) (C. Babbage)

Cette forme ne constitue pas pour autant une variante organisationnelle de la division cognitive du travail. Mais elle a le mérite de soulever la question de l'application des principes de la division technique au travail cognitif. Très largement diffusée dans les services peu intensifs en connaissances, comme par exemple les calls-centers, les services routiniers de gestion des stocks et de tâches administratives au sein des entreprises. Elle est également présente dans les activités de programmation informatique, dans les activités d'assurance et services financiers, où le salarié se penche sur l'application des instructions relatives à l'exécution d'un programme ou d'un modèle analytique bien défini. Ancrée sur des territoires distincts, cette forme de la division cognitive du travail ne s'accorde pas avec la logique de polarisation, qui caractérise certaines activités intensives en connaissance.

En outre, cette forme organisationnelle appliquée au travail cognitif se différencie de la logique taylorienne classique, dans la mesure où la réintégration des segments nécessite la mobilisation de la subjectivité des salariés, alors que dans l'ancienne forme, cette subjectivité est relativement moins forte. D'une manière synthétique, le tableau suivant expose les principaux traits de la division technique du travail cognitif.

Tableau n° 12 : les caractéristiques de la division technique du travail cognitif

Critères	**Caractéristiques**
Principe général d'organisation	Principe de segmentation du processus productif et spécialisation sur une tâche.
Séparation entre conception et exécution	Dichotomie entre conception et exécution du travail.
Autonomie dans le travail et degré de subjectivité mobilisée	Autonomie relativement peu significative. La mobilisation de la subjectivité est requise.
Rapport aux outils et à l'usage de la technologie productive	Maîtrise effective des outils et de la technologie productive mobilisée.
Localisation et ancrage territorial	Localisation sur des territoires distincts et dictée par la logique de minimisation des coûts. Polarisation très faible.
Relation avec la division cognitive du travail	Lien étroit avec la division technique.

Cette caractérisation montre l'immixtion des principes tayloriens dans l'organisation du travail cognitif lui-même, alors qu'ils étaient mobilisés, d'une manière exclusive, dans l'organisation du travail matériel. Ainsi, les modalités d'application de la division du travail – technique et cognitive – sont très variées.

En conclusion, nous constatons qu'il n'existe pas de forme d'organisation cognitive du travail à l'état pur. Mais, il existe une diversité de formes cognitives qui se manifestent selon des modalités historiques particulières dans l'organisation de l'activité économique contemporaine. Ses différentes modalités de diffusion de la division cognitive permettent de livrer les principaux traits qui interviennent dans l'élaboration d'une forme canonique et distincte de la division cognitive du travail.

2 – Une définition appropriée de la division cognitive du travail

Sur la base des différents apports que nous avons tirés de ses précédentes configurations organisationnelles, nous nous proposons de caractériser la division cognitive du travail dans les traits suivants :

- elle représente une forme d'organisation du travail que l'on peut mobiliser à la fois dans le travail cognitif et le travail matériel ;
- elle se caractérise par une forte spécialisation sur des blocs de savoir et par une forte proximité entre la conception et l'exécution ;
- elle repose sur une forte mobilisation de la subjectivité du travailleur et de son savoir-faire. Le salarié mobilise souvent des compétences acquises et requises pour exercer son travail d'une manière autonome ;
- l'autonomie dans le travail est très significative comparativement à d'autres formes organisationnelles, notamment la division technique du travail ;
- la division cognitive du travail prend en compte la notion de temps de travail dans ses différentes dimensions. Le travail peut donc se réaliser à l'intérieur et à l'extérieur de la firme. La dimension temporelle du travail intègre les décalages temporaires, l'exploitation des effets de réseaux et les externalités (effacement de la frontière entre le temps de travail et le temps hors travail) ;
- la division cognitive du travail doit tenir compte du lieu de travail. Celui-ci ne se limite pas à l'intérieur de l'entreprise. Il en dépasse largement le cadre. En effet, de nombreuses activités liées au processus productif peuvent s'opérer en dehors des sites de production. C'est le cas notamment du développement du travail à distance (télétravail), du travail sur réseaux informatiques, du travail nomade, etc., qui s'opèrent souvent en dehors de la firme et contribuent à la création de valeurs ;
- elle doit également tenir compte des formes de coordination et de coopération dans le travail entre les salariés d'une part, et entre les salariés et leur direction d'autre part ;
- comme nous l'avons déjà constatée dans l'élaboration de son modèle idéal-type, la division cognitive du travail s'oppose sur de nombreux traits à la division technique du travail.

En définitive, cette caractérisation synthétique de la division cognitive du travail permet de dégager la définition suivante.

2 – 1 Définition de la division cognitive du travail

La division cognitive du travail consiste dans la répartition du travail cognitif et matériel selon le principe de spécialisation sur un champ d'analyse ou un bloc de savoir, rattaché à un même domaine de principes scientifiques, voire techniques. Régie par des mécanismes de coordination et de contrôle, cette spécialisation étend la polyvalence du travailleur cognitif à un ensemble de tâches plus large à l'intérieur d'un même champ d'analyse. En ce sens, le degré de spécialisation du facteur travail s'accroît. En effet, il demeure difficile de passer d'un champ d'analyse à un autre, car cela nécessite la mobilisation d'autres connaissances spécifiques, de nouvelles formes de coordination et des mécanismes appropriés de contrôle du travail.

Enfin, de la même manière que la division technique du travail est limitée par la taille du marché, la division cognitive est limitée par la taille du marché et par le rythme de l'innovation. En effet, l'insuffisance de débouchés peut entraver le degré de développement de la division cognitive du travail. De même que le tarissement des innovations peut freiner l'essor de la division cognitive du travail.

De notre point de vue, un éventuel phénomène cyclique lié au marasme économique est capable de provoquer un tarissement de différentes formes d'innovations. Ce tarissement des innovations peut entraver progressivement le développement et la diffusion de nouveaux produits cognitifs. De ces faits, les entreprises spécialisées sont alors amenées à limiter leurs productions cognitives, donc à réduire leurs effectifs, notamment ceux des travailleurs du savoir. Toutefois, ce point de vue doit être relativisé, car la crise ou le marasme économique, comme le disait Schumpeter, est source de destruction créatrice.

L'évolution technologique peut aussi encourager le recours progressif à la mise en œuvre des systèmes de machines informatisés dont le contrôle est généralement assuré par une seule personne ayant les compétences requises. Dans cette logique, les firmes sont amenées à engager un processus de substitution entre le capital et le travail. Dans ce sillage, elles mettent en place des mécanismes d'ajustement au sein de leurs processus productifs. Elles investissent ainsi davantage dans le capital au détriment du facteur travail afin de garder leur position sur le marché. Au fur et à mesure que ce processus se développe dans le temps et se généralise dans de nombreux secteurs, le facteur travail notamment le travail qualifié, est de moins en moins mobilisé dans la sphère productive et organisationnelle. Par conséquent, l'usage et la mobilisation des principes de la division cognitive du travail s'en trouvent significativement réduits. Notons enfin que cette définition de la division cognitive permet également d'identifier les principaux traits du travail cognitif.

2 –2 Une définition du travail cognitif

Le travail cognitif consiste, d'une part, dans la capacité de mobilisation et d'agencement des connaissances rattachées à un bloc de savoir face à l'avènement ou au surgissement de l'imprévu au cours des situations de travail. D'autre part, il fait appel à la subjectivité du travailleur dans la réalisation de tâches simples, dans la production de solutions nouvelles voire créatives et dans la prise en charge des situations et des tâches complexes marquées par des discontinuités temporelles. La subjectivité est a priori présente, effectivement ou potentiellement, d'une manière différente, dans chaque individu, et joue aussi un rôle central dans la réalisation du travail cognitif.

Conclusion du second chapitre

Le principal objectif de ce second chapitre a été de proposer une définition de la division cognitive du travail et d'élaborer son modèle idéal-type. Il a aussi mis en évidence les principales formes de la division cognitive du travail et la manière dont les principes cognitifs se combinent avec les principes de la division technique du travail.

Sur ces bases, nous allons mettre en exergue les facteurs à l'origine de la montée de la dimension cognitive du travail dans les processus de création de valeurs et dans leur organisation. Nous explorons aussi les conséquences socioéconomiques sur l'activité économique et l'emploi dans le capitalisme postfordiste notamment dans les pays développés. Ces thématiques feront l'objet d'analyse de la deuxième partie de notre ouvrage.

Conclusion de la première partie

Cette première partie de l'ouvrage a montré que la division cognitive du travail n'est pas uniforme et n'existe pas à l'état pur, mais elle se diffuse selon des modalités très différentes dans le temps et dans l'espace. Ce constat est confirmé, notamment par les contributions théoriques que nous avons explorées et par une présentation synthétique de cinq formes de division cognitive du travail qui se sont diffusées dans le temps et dans l'espace. Nous avons également montré que la production postfordiste en petite et moyenne série est porteuse d'indicateurs qui témoignent de la montée en puissance de la dimension cognitive du travail dans l'organisation du travail dans les pays développés. Sur ces bases, nous avons proposé une définition de la division cognitive du travail et une élaboration de son modèle idéal-type. La question qui se pose est d'élucider l'origine de cette tendance à la montée de la dimension cognitive du travail dans les processus productifs postfordistes. Donc, dans la seconde partie de l'ouvrage, nous allons traiter cette question et mettre aussi en exergue les conséquences socioéconomiques du développement de la division cognitive du travail sur l'activité et l'emploi.

LA SECONDE PARTIE : L'ESSOR DE LA DIMENSION COGNITIVE DU TRAVAIL ET SES IMPACTS SOCIOÉCONOMIQUES

Introduction de la seconde partie

La période postfordiste se caractérise par l'affirmation d'une nouvelle tendance organisationnelle qui traduit la montée en puissance de la dimension cognitive du travail dans les procès de production et leur organisation. En conséquence, la connaissance mobilisée par les travailleurs dans le processus de création de valeurs devient le facteur productif qui s'impose par rapport aux savoirs incorporés dans le capital fixe. Cette évolution révèle le fait que nous assistons, d'une manière progressive, à l'avènement d'une nouvelle tendance productive qui se caractérise par l'intellectualisation du contenu de différentes phases de la chaîne de valeur. Plus précisément, la dimension cognitive du travail constitue le cœur de l'activité économique et la dimension matérielle du travail, bien qu'elle soit complémentaire, reste à la périphérie de la sphère productive. De même que, le travail qualifié s'impose dans l'accomplissement de l'acte productif par rapport au travail routinier qui occupe une place de plus en plus marginale. D'une manière synthétique, nous pouvons résumer cette évolution qui caractérise la production et l'organisation du travail dans le capitalisme postfordiste en deux points :

I) hausse des activités immatérielles et cognitives dans les processus de création de valeurs ;

II) le travail quantitatif peu qualifié cède la place au travail qualitatif fortement qualifié dans les processus de création de valeurs et leur organisation.

Notre propos, dans cette seconde partie, consiste à examiner les principales causes de cette montée en puissance de la dimension cognitive dans l'organisation de travail postfordiste dans les processus de création de valeurs, et à mettre en évidence les impacts socioéconomiques du développement des principes de la division cognitive du travail sur l'activité et l'emploi.

Pour traiter ces thématiques, nous allons mobiliser à la fois des outils théoriques et empiriques (les faits stylisés). Ces outils livrent des indicateurs, qui plaident pour la montée de la dimension cognitive du travail dans les processus productifs postfordistes et permettent de cerner les conséquences socioéconomiques liées à cette évolution.

Ainsi, nous structurons cette partie en deux chapitres. Le premier chapitre porte sur la mise en exergue les principales causes de la montée en puissance de la dimension cognitive du travail. Le second chapitre démontre, d'un point de vue quantitatif, l'impact socioéconomique de la diffusion des principes de la division cognitive du travail sur l'activité et l'emploi en France et dans certains pays de l'OCDE.

CHAPITRE 1 : LES PRINCIPALES CAUSES DE LA MONTÉE EN PUISSANCE DE LA DIMENSION COGNITIVE DU TRAVAIL DANS L'ACTIVITÉ ÉCONOMIQUE POSTFORDISTE

Notre objectif dans ce premier chapitre est d'explorer les causes qui, suite à la crise du fordisme, ont conduit à une montée en puissance du travail cognitif et des principes de la division cognitive du travail.

Les connaissances occupent une place centrale dans les processus postfordistes de création de valeurs. L'ampleur de ce phénomène est de nature progressive et concerne la plupart des secteurs d'activité.

Ainsi, cette montée en puissance du travail cognitif peut être liée à des facteurs extra-industriels, à l'essor de nouveaux secteurs d'activité et à la mutation des anciennes industries motrices du fordisme.

I – Les facteurs extra-industriels

Nous avons identifié quatre facteurs extra-industriels (la montée des activités de service, l'intensification de l'effort d'innovation, la révolution des TIC et délocalisation du travail déqualifié), qui ont joué un rôle déterminant dans la montée en puissance de la dimension cognitive du travail dans les processus postfordistes de création de valeurs. Leurs principaux traits peuvent être explicités dans les points suivants :

1 – la montée des activités de service

La montée des activités de service, comme par exemple la santé ou l'enseignement, a un effet direct lié à l'expansion de ces secteurs et un effet indirect lié à la formation de la force de travail. En effet, le développement des services du *welfare*, notamment la démocratisation de l'enseignement et l'accès aux soins, a conduit à l'amélioration des conditions socioéconomiques des populations dans les pays développés. L'accès aux savoirs a permis le développement de la recherche dédiée à la perfection des technologies productives, à l'aménagement des territoires et à l'amélioration de l'environnement social de l'individu. Cet essor a favorisé l'émancipation des travailleurs. Le travailleur se libère progressivement des contraintes héritées des modes productifs anciens et de leurs normes organisationnelles. Dans ce sillage, le travailleur acquiert une certaine conscience nécessaire pour prendre en main son destin. Il peut alors participer à l'édification d'une société qui prend en compte ses aspirations. En définitive, ce contexte encourage l'individu à se former davantage et à acquérir des qualifications de plus en plus avancées afin d'exercer des métiers d'avenir fondés sur des savoirs spécifiques. De plus, le développement des services participe indirectement à la montée en puissance des activités cognitives dans les pays développés. En effet, les prestations de services[35] reposent sur un travail relationnel entre le prestataire (producteur) et le bénéficiaire (le client). Dans le cadre de cette relation, le prestataire doit mobiliser un savoir-faire approprié qui correspond aux caractéristiques intrinsèques du service à rendre, afin de satisfaire son client. Il s'agit donc d'un travail immatériel où la subjectivité du prestataire est souvent sollicitée. Par ailleurs, le développement et la diffusion de ces activités de service s'accompagnent souvent d'une forte création d'emplois. Celle-ci a pour objectif de satisfaire la demande et d'élargir le champ d'activité des services. De même que cet essor des services s'accompagne également de la création de nouvelles formations et de nouveaux métiers dans le secteur lui-même et dans d'autres secteurs complémentaires. D'un point de vue empirique, l'expérience vécue dans plusieurs pays développés illustre le rôle majeur des services dans la création de valeurs et de l'emploi. Selon le rapport de l'OCDE (2005), « le secteur des services représente plus de 70 % de l'emploi et de la valeur ajoutée dans les économies de l'OCDE. Il assure la quasi-totalité de la croissance de l'emploi dans la zone OCDE[36].

---

35 Selon Du Tertre et Gadrey, « l'activité de service se définit comme l'action d'un prestataire transformant les propriétés d'un support appartenant au bénéficiaire du service. La prestation s'appuie, ainsi, sur trois éléments clés que l'on peut représenter visuellement sous la forme d'un triangle constitué de trois sommets : le prestataire (P), le bénéficiaire (B) et le support (S). » (Du Tertre et Gadrey, 2002, p. 216).

36 L'expérience de plusieurs pays de l'OCDE illustre le rôle contrasté des services dans l'économie des pays membres : en Australie, au Canada, aux États-Unis, au Luxembourg et en Slovaquie, les services ont largement contribué à la croissance de l'emploi et de la productivité durant la décennie écoulée. Un grand nombre des emplois créés concernaient des travailleurs hautement qualifiés, en particulier dans les services financiers, les services aux entreprises, l'éducation et la santé. En revanche, dans plusieurs pays de l'OCDE, notamment la Corée, l'Espagne, l'Italie et la Pologne, la contribution des services au taux d'emploi demeure limitée, tandis que dans d'autres pays comme l'Espagne, la France,

2 – L'intensification de l'effort d'innovation

Le second facteur extra-industriel se rapporte à la mise en œuvre d'un nouveau régime d'innovation. En effet, la source principale de la compétitivité ne se trouve plus dans les technologies incorporées au capital fixe, mais dans les compétences d'une force de travail capable de maîtriser une dynamique de changement continu et de renouveler sans cesse des savoirs soumis à une obsolescence rapide. Dans ce nouveau régime, l'innovation devient diffuse et porte sur les éléments qui permettent à l'entreprise de mieux définir la mise en œuvre de sa stratégie, de préserver sa flexibilité, d'augmenter la qualité du produit et de répondre favorablement aux attentes de la clientèle. De même que, dans ce régime l'innovation ne se limite pas aux explorations scientifiques et techniques, c'est-à-dire à la R&D. Mais elle s'étend aux activités en aval pour faire face à un environnement qui se mondialise et où le rythme du changement s'accélère.

La réalisation de ces innovations repose sur une main-d'œuvre hautement qualifiée. Celle-ci mobilise des connaissances et savoir-faire rattachés à des blocs de savoir. Autrement dit, il s'agit d'un travail qui associe la subjectivité du travailleur aux connaissances scientifiques et techniques. En définitive, la progression de l'innovation se déroule selon une certaine autonomie et coordination. Elle traduit la montée en puissance de la dimension cognitive du travail, notamment dans la phase en amont des processus productifs.

3 – La révolution des TIC

Ces technologies jouent un rôle structurant dans l'organisation du travail. Elles facilitent les communications et les échanges d'information sur des supports numériques et favorisent ainsi la mise en place de nouvelles formes horizontales de coopération. Celles-ci supplantent l'ancienne coordination hiérarchique fordiste. De même que ces technologies jouent aussi un rôle central dans le processus de codification des connaissances et des savoir-faire qui interviennent dans le processus de production. Plus précisément, elles permettent de sauvegarder le patrimoine productif et organisationnel de l'entreprise. Elles facilitent sa transmission temporelle et spatiale. Sur cette base, les entreprises sont amenées à

---

l'Italie et les Pays-Bas, leur contribution à la croissance de la productivité a été faible (OCDE, 2005).

refonder systématiquement leurs processus d'apprentissage interne afin de produire de nouvelles normes de travail, qui leur permettent de constituer un avantage concurrentiel. Ainsi, ces technologies peuvent être à l'origine d'innovations productives et organisationnelles et contribuent à l'accroissement de la productivité du travail.

En outre, la diffusion de ces technologies dans d'autres secteurs de l'économie a des effets indirects. Dans chaque branche, elle permet de développer de nouvelles fonctionnalités et d'améliorer les services associés aux produits. On en voit les effets positifs sur la consommation et plus généralement sur l'activité et l'emploi. L'usage de ces technologies se combine avec le savoir scientifique et technique dans l'essor de nombreux secteurs intensifs en connaissances, notamment dans les phases de la recherche (fondamentale et appliquée). Les acteurs mettent en place des programmes de recherche appropriés et réalisent des essais d'application afin de mieux réduire les marges d'erreurs et l'imprécision des résultats. Par ailleurs, ces technologies contribuent également à l'avènement d'autres secteurs plus porteurs et créateurs de valeurs. Elles permettent aussi d'effectuer à distance un ensemble de prestations, notamment dans certaines activités telles que par exemple le télétravail, les centres d'appels, les services aux entreprises, le télémarketing, le téléenseignement, etc.

Notons encore que l'essor des technologies de l'information et de la communication a des effets directs et indirects sur la montée en puissance des activités cognitives dans le processus de création de valeur. Certains éléments d'explication peuvent être relatés dans les points suivants :

Premièrement, l'usage de ces technologies nécessite la mobilisation des compétences qui correspondent à leurs caractéristiques fonctionnelles. L'acquisition de ces compétences et savoir-faire se fait à travers l'amélioration de la qualité de l'enseignement, de la formation et des processus d'apprentissage internes aux entreprises. Ainsi, l'effet indirect de l'usage des technologies de l'information et de la communication repose sur l'amélioration de la formation et du niveau de qualification de la main-d'œuvre. Cet effet indirect peut être consolidé dans la mesure où ces technologies assurent également la transmission des savoirs dans le temps et dans l'espace et contribuent à perfectionner les processus d'apprentissage.

Deuxièmement, les technologies de l'information et de la communication sont à l'origine du développement de nouveaux secteurs d'activité intensifs en connaissance, notamment dans les technologies avancées (biotechnologies, recherche et développement, informatique, etc.). Ces nouveaux secteurs connaissent une progression importante dans la création de valeurs. Ils reposent sur la mobilisation des savoirs cognitifs avancés. Ces secteurs contribuent de façon active à la montée en puissance des activités cognitives. En définitive, cette relation entre ces technologies de l'information et de la communication et l'essor de nouveaux secteurs a un effet direct sur la montée en puissance des activités cognitives dans les processus de création de valeurs et dans leurs formes organisationnelles.

4 – Mondialisation : division internationale du travail liée au circuit de la branche (délocalisation du travail déqualifié)

À la fin des années 1970 et au début des années 1980, les dysfonctionnements du modèle fordien de la production de masse ont engendré de profondes mutations productives et organisationnelles, dans la plupart des pays développés. Preuve en est la résurgence du processus de mondialisation[37] de l'économie. On peut analyser ce processus comme l'accélération sans précédent de la liberté de localisation des firmes dans l'espace mondial[38]. Cette liberté ne se traduit pas nécessairement par une dispersion des unités productives dans l'espace. Elle permet néanmoins de délocaliser certaines phases du processus productif intensives en travail déqualifié vers les pays émergents et en voie de développement disposant d'une main-d'œuvre bon marché. Ces délocalisations s'opèrent selon le principe des avantages comparatifs entre pays. On peut les analyser dans le cadre de la

37 Pour J. Adda, « la mondialisation, en étant l'expression de l'expansion spatiale du capitalisme, épouse désormais les limites du globe. La mondialisation est aussi avant tout un processus de délitement, de contournement et, pour finir, de démantèlement des frontières physiques et réglementaires qui font obstacle à l'accumulation du capital à l'échelle mondiale. » (Adda, 1996, p. 3).

38 La mondialisation peut aussi être définie en matière d'intensité et d'évolution de cinq composants : 1) les délocalisations des activités impliquant ou non les investissements directs à l'étranger ; 2) les flux commerciaux de biens et services entre les filiales des firmes, et les échanges de biens intermédiaires ; 3) les flux financiers ou de capitaux à court terme ; 4) les flux de connaissances et de technologies ; 5) les migrations internationales de travailleurs, qualifiés et peu qualifiés, qui constituent une composante souvent omise. (Mouhoud, 2006, p. 7).

théorie du circuit de la branche. Selon cette théorie (Lipietz, 1983), la division du travail au sein d'une grande entreprise est hiérarchisée en trois niveaux relativement distincts:

- le premier niveau regroupe les fonctions de R&D et, en général, les tâches de conception incarnées par le bureau des méthodes ;
- le second niveau est défini par les tâches de fabrication qualifiées ;
- le dernier niveau, quant à lui, concerne les tâches de fabrication banalisées.

Cette division peut s'établir sur des territoires distincts. Pour les deux derniers niveaux en particulier, la seule contrainte repose sur les coûts de transport et les coûts de transaction. Dans ce cadre, les grandes firmes minimisent leurs coûts sur la base d'une logique de localisation, notamment en délocalisant le travail peu qualifié et les tâches banalisées vers les pays à main-d'œuvre relativement abondante et bon marché. En revanche, les fonctions de recherche et développement (R&D) restent localisés dans les pays d'origine (Lipietz, 1983). Cette approche s'appuie sur le principe de spécialisation. Selon ce principe, les pays à bas salaires se spécialisent mécaniquement dans la production de produits banalisés. Cette spécialisation repose sur la mobilisation d'une main-d'œuvre essentiellement peu qualifiée. En revanche, les pays industrialisés produisent des biens innovants et intensifs en capital, grâce à une main-d'œuvre qualifiée (le modèle factoriel Heckscher-Ohlin-Samuelson). Ces stratégies de délocalisation modifient la structure du marché du travail dans les pays développés. On observe une hausse statistique du travail non qualifié. Le travail qualifié se développe sous l'effet d'une pression concurrentielle de plus en plus forte. Cette tendance à l'accroissement du facteur travail qualifié dans les pays développés constitue l'un des piliers fondamentaux de l'essor des activités intensives en connaissances. En effet, dans ces processus productifs cognitifs, la connaissance tend à être soumise à une valorisation directe. Le facteur travail qualifié devient donc un élément central dans la création de valeurs. Ainsi, cette évolution du marché du travail dans les pays développés contribue directement à consolider une économie diversifiée marquée par la centralité de la dimension cognitive dans les processus de création de valeurs.

Cependant, il est nécessaire de rappeler le contexte dans lequel se sont développées ces différentes approches dédiées aux nouvelles stratégies de localisation des grandes firmes. Elles ont été pensées et demeurent, en grande partie, ancrées dans un univers fordiste et dans une division internationale du travail centrée sur les productions matérielles.

II – Les mutations et l'essor des secteurs de l'industrie du luxe, de l'informatique et de la pharmacie

Les mutations et le développement de certains secteurs d'activité comme par exemple l'industrie de luxe, l'informatique et l'industrie pharmaceutique, ont également contribué à la montée de la dimension cognitive du travail dans les processus de création de valeurs postfordistes.

1 – L'industrie du luxe : affirmation des principes cognitifs

En matière de qualité des produits, l'industrie du luxe s'inscrit dans une logique productive similaire à celle de l'artisanat. Mais elle se distingue de l'artisanat par de nombreux traits. Elle applique ainsi les méthodes industrielles dans le cadre de certaines productions. Par ailleurs, les représentations et les objets de luxe sont souvent associés à une marque. Toutefois, l'industrie du luxe et l'artisanat s'appuient fortement sur la dimension cognitive, tant sur le plan de la production que sur celui de l'organisation du travail. Afin d'appréhender la montée en puissance de la dimension cognitive du travail dans l'industrie du luxe, nous présentons au préalable ses principales caractéristiques.

1 – Caractérisation de l'industrie du luxe

L'industrie de luxe regroupe les activités dont le cœur de métier repose sur l'incorporation massive des savoirs, savoir-faire et réseaux de compétences, difficilement reproductibles et transférables. De façon plus étroite, elle peut être associée à « un ensemble de marques ». Selon Giraud et Bomsel, « l'hypothèse est la suivante : un produit de luxe est un ensemble [objet + représentations]. C'est un objet, ou un service, plus un ensemble de représentations : images, concepts, sensations, qui lui sont associées par le consommateur, donc que le consommateur achète avec l'objet et pour lesquelles il est prêt à payer un prix supérieur à celui qu'il accepterait de payer pour un objet – ou un service – de caractéristiques fonctionnelles équivalentes mais sans ces représentations associées. Le nom propre de ces représentations est toujours dans le cas du luxe un nom de marque. C'est ce nom, attribué à l'objet, qui provoque l'association des représentations. Il n'y a pas d'objet de luxe sans marque de luxe. Tout objet portant une marque de luxe est un objet de luxe. L'unité pertinente de l'analyse de l'industrie de luxe est la marque. » (Giraud et Bomsel. 1995, p. 3).

Dns cette définition, la notion de marque constitue un élément-clé et distinctif par rapport aux autres biens simples. Aux yeux de tous, notamment des acteurs économiques qui connaissent les comportements des consommateurs, ces marques sont sans conteste des marques de luxe. Par ailleurs, « la création de la marque de luxe repose sur trois facteurs : un savoir-faire, une ressource naturelle et un talent artistique. » (Giraud et Bomsel. 1995, op.cit., p. 34).

- Le savoir-faire du luxe est l'ensemble des techniques qui tirent un produit vers la perfection, c'est-à-dire vers ce qu'objectivement un homme peut fabriquer de meilleur.
- Les marques fondées sur les ressources naturelles concernent d'abord certains produits issus de l'agriculture : vins, champagnes, alcools. Des réglementations d'appellation et de classement, généralement anciennes, entérinent la rareté de la ressource, stabilisent les conditions de la concurrence et de la perception de la rente. Les ressources minérales sont à l'origine des marques de haute joaillerie dont la renommée s'est fondée sur la sélection et la mise en œuvre des gemmes les plus parfaites.
- Le talent artistique, quant à lui, est porté par des créateurs. Ceux-ci ne sont pas spontanément dans le champ de l'économie. Cependant, une fois produites ou reproduites, leurs créations deviennent des marchandises. Un seul objet, s'il est signé, peut cristalliser toute l'œuvre de l'artiste, ce qui explique la rente. En principe, un créateur ne devient pas une marque de luxe sans talent (Giraud et Bomsel. 1995, op.cit., Pp. 34-35).

Ces définitions permettent de mettre en valeur les spécificités de l'industrie du luxe par rapport à d'autres produits ordinaires. Cette industrie permet de conserver et de faire perdurer certains métiers d'art et métiers rares. Elle est dépositaire de savoirs techniques et de savoir-faire précieux, menacés car dépendants de marchés souvent de très petite taille. Elle contribue également à l'entretien de capacités de mémoire et de transmission de savoirs et savoir-faire traditionnels, permettant un maintien de ces activités dans le temps (mémorisation et transmission) et dans l'espace (ces savoirs restent difficiles à délocaliser).

Comme le témoignent cette définition et la caractérisation de la notion de marque, l'industrie du luxe est particulière tant en termes de logique productive, organisationnelle et commerciale, que de mobilisation des savoirs faires. Afin de comprendre ces logiques, nous allons caractériser le modèle productif de l'industrie du luxe et sa dimension organisationnelle.

Le modèle productif de l'industrie du luxe : logique économique

Afin de décrire le modèle productif de l'industrie du luxe, il convient à la fois de présenter sa logique économique et de cerner sa dynamique productive.

La logique économique des firmes de l'industrie du luxe est relativement différente de celles des firmes qui produisent des biens ou des services ordinaires. « Elle consiste à créer, à exploiter et à percevoir la rente des marques qu'elles détiennent ou qu'elles acquièrent. » (Giraud et Bomsel. 1995, op.cit., p. 34).

Afin que cette rente soit perçue et durable, il est impératif de maitriser la distribution et de valoriser le consentement du consommateur à payer un prix élevé pour le produit. Ainsi, l'industrie de luxe doit opter pour l'élaboration de produits de qualité et haut de gamme. En effet, la baisse de la qualité, absolue et relative, réduit à terme le consentement du consommateur à payer pour la marque de luxe. Cette logique économique permet ainsi de distinguer le modèle productif de l'industrie du luxe des productions ordinaires. Elle met en exergue « la singularité du luxe qui réside dans la forte proportion des représentations dans le couple (objet + représentation), dans la forte valorisation des représentations par les consommateurs, et par conséquent, dans l'ampleur de la rente de marque. » (Giraud et Bomsel. 1995, op.cit., p. 33).

Sur le plan productif, l'industrie de luxe doit pouvoir s'appuyer sur des réseaux productifs dynamiques et concurrentiels, intégrés ou non. Ainsi, « l'intégration (cas de quelques grandes marques) permet le contrôle exclusif de la rente mais peut s'avérer coûteuse en cas de retournement du marché. Les partenariats avec les licenciés et sous-traitants développés par la plupart des autres marques, offrent beaucoup plus de souplesse financière, mais requièrent de la part de celles-ci, un partage des rôles clair et un contrôle qualité intense. Les stratégies de licence n'ont de sens à long terme que si elles contribuent à renforcer les réseaux productifs. » (Giraud et Bomsel. 1995, op.cit., p. 46).

À partir de cette caractérisation de la logique économique de l'industrie du luxe et de sa dynamique productive, nous pouvons dégager certains indicateurs, qui témoignent de la montée en puissance de la dimension cognitive du travail.

L'organisation de la production du luxe

L'organisation de l'industrie du luxe repose sur la mobilisation des principes cognitifs. En effet, les savoirs qui interviennent dans la réalisation et l'organisation productive, ont une nature tacite. Plus précisément, cette organisation productive se caractérise par une forte autonomie procédurale, pleine d'initiatives et d'engagements. L'autocontrôle, la créativité, et le savoir-faire de la main-d'œuvre se conjuguent avec autonomie procédurale pour créer une forme organisationnelle spécifique, qui s'inscrit dans le sillage des principes fondamentaux de la division cognitive du travail. La temporalité du travail est ouverte et spécifique au produit. Elle mobilise davantage la subjectivité du travailleur et demeure difficilement compatible avec le temps planifié par le bureau des méthodes. La polyvalence est relativement faible : les biens de l'industrie du luxe sont spécifiques et rares. Leur production nécessite une très grande dextérité et une forte spécialisation. Ces aspects de l'industrie du luxe illustrent parfaitement la tendance à la montée en puissance de la dimension cognitive du travail. Cette caractérisation de l'industrie du luxe soulève au moins deux remarques soulignées par Giraud et Bonnet (1995).

1 – «Le luxe, dès lors qu'on le considère comme une industrie, ne peut s'envisager de façon statique : si l'ancienneté et l'enracinement dans la tradition des marques demeurent un important facteur d'image, la référence à des civilisations vivantes à forte tradition artisanale constitue des éléments favorables à l'émergence de marques nouvelles, potentiellement dynamiques, voire agressives».

2 – « L'industrie du luxe a besoin d'instances spécifiques de coordination. Celles-ci doivent offrir à la fois une représentation flatteuse des marques, relevant le coefficient d'image de leurs produits, et un outil stimulant leur compétitivité, c'est-à-dire incitant au maintien de la qualité et au contrôle de la distribution ».

2 – La prédominance de la dimension cognitive dans l'industrie informatique : le cas des activités de « *software* » et du logiciel libre

L'industrie informatique se caractérise par l'usage intensif des savoirs notamment dans la production et l'organisation des activités de « *software* » et des activités traitant des logiciels libres. Elle est le résultat d'une combinaison entre des évolutions technologiques rapides et des interdépendances fortes entre technologies et activités. Les performances économiques du secteur sont relativement très satisfaisantes, notamment en matière de création de valeurs et des emplois qualifiés. Toutefois, le secteur reste marqué par des véritables ruptures paradigmatiques et des bouleversements profonds dans les stratégies industrielles des principaux constructeurs. Ces bouleversements résultent de l'évolution permanente des technologies et des récessions plus ou moins fortes qui ont secouées l'économie mondiale.

L'avènement de la nouvelle informatique, notamment la logique client/serveur, a modifié de manière radicale le rapport entre producteur et utilisateur de technologies, imposant une nouvelle culture du rapport au client. Ainsi, ce secteur offre généralement du matériel et des services, en l'occurrence le *hardware* et le *software*. Mais il s'appuie également sur le logiciel libre qui joue un rôle prépondérant dans le fonctionnement et l'essor de l'industrie informatique. Ces composants sectoriels disposent des caractéristiques suivantes.

« *Le hardware* comprend trois familles de produits : *Technology, Personal Systems et Server*. Le segment *Technology* produit essentiellement les périphériques et les composants. Il s'agit notamment des semi-conducteurs et des disques durs. *Personal System* produit des systèmes informatiques mono-utilisateurs, notamment les PC et les stations de travail. Le segment *Server* produit des systèmes informatiques multiutilisateurs fonctionnels à l'informatique de réseau. Il s'agit des serveurs, y compris ceux appelés, il y a encore peu d'années, *mainframes.* » (Paulré. 2000, p. 204).

Le software comprend les activités traditionnelles de production de logiciels. Considérées comme des œuvres intellectuelles, ces activités sont soumises au droit d'auteur, au même titre que toute œuvre littéraire ou artistique. Ces services (*software)* prennent leur essor chez les fabricants d'informatique ou dans leur environnement proche. Les fabricants cherchent à vendre leurs

produits et services en tentant de démontrer leur utilité auprès du client. Il convient aussi de noter l'effacement progressif des frontières sectorielles, notamment entre les industries productrices de matériel informatique et les industries productrices de l'immatériel (services, logiciels, etc.). Ces tendances sont renforcées par le passage au tout numérique. De plus, ces activités traditionnelles de *software* adoptent, d'une manière relativement forte, le logiciel libre. Ses principales caractéristiques peuvent être présentées dans les traits suivants :
Par définition, « un logiciel libre est un logiciel dont l'auteur a rendu les secrets de fabrication (code source) librement accessibles et librement réutilisables. » (Elie, 2009, p.3). Deux autres définitions canoniques du logiciel libre ont été également présentées par Elie, selon deux tendances : la *Free Software Foundation*, et *l'Open Source Initiative* (OSI).
1 – *La Free Software Foundation* définit un logiciel libre en quatre libertés :

- la liberté d'exécuter le programme, pour tous les usagers (liberté 0) ;
- la liberté d'étudier le fonctionnement du programme, et de l'adapter à nos besoins (liberté 1). L'accès au code source est alors une condition requise ;
- la liberté de redistribuer des copies, donc d'aider notre voisin ;
- la liberté d'améliorer le programme et de publier nos améliorations, pour en faire profiter toute la communauté (liberté 3). L'accès au code source est alors une condition requise.

2 – *L'Open Source Initiative* (OSI) détaille autrement le logiciel libre et énumère les caractéristiques suivantes :

- 1 – la libre redistribution ;
- 2 – le code source distribué ;
- 3 – les œuvres dérivées autorisées ;
- 4 – l'intégrité du code source de l'auteur ;
- 5 – la non-discrimination contre des personnes ou groupes ;
- 6 – la non-discrimination contre des champs d'application ;
- 7 – la distribution de la licence en même temps que le programme ;
- 8 – le fait que la licence ne doive pas être propre à un produit ;

- 9 – le fait que la licence ne doive pas restreindre d'autres logiciels ;
- 10 – le fait que la licence doive être neutre sur le plan technologique.

Source : (François Elie. (2009). *Économie du logiciel libre*. Paris : Eyrolles, pp. 3 – 4).

Elie (2009) a distingué trois familles de logiciels libres, selon le critère de transitivité ou non de la licence. Il en a notamment considéré les effets sur l'intégration avec d'autres logiciels.

1 – libre à *copyleft*[39] fort : dans cette famille de logiciel libre, la redistribution du logiciel libre avec ou sans modification peut se faire, mais toujours sous la licence initiale. De plus, tous les composants, associés au le logiciel afin de constituer un nouvel ensemble plus vaste, seront couverts par la licence initiale ;

2 – libre à *copyleft* faible : dans cette famille de logiciel libre, la redistribution du logiciel avec ou sans modification peut se faire, mais toujours sous la licence initiale. Il est toutefois possible d'ajouter de nouvelles fonctionnalités du code sous d'autres licences, éventuellement propriétaires ;

3 – libre sans *copyleft* : dans cette famille, la redistribution du logiciel avec ou sans modification peut se faire sous une autre licence. Celle-ci peut interdire la distribution et la modification (Elie. 2009, p.7).

Le logiciel libre est en général livré sous forme de code source. Si l'on peut acquérir des versions exécutables de ces logiciels, la diffusion du code source reste obligatoire. L'accès au code source permet à l'utilisateur d'intervenir sur le logiciel en vue de corriger les erreurs potentielles, de l'adapter et de le faire évoluer. « Il ne repose pas sur le copyright, mais sur le *copyleft*, qui permet de réaliser en toute légalité autant de copies que l'on souhaite du logiciel et de les diffuser librement, mêmes moyennant rétribution. » (Coris, 2000).

Caractérisée ainsi, la notion de logiciel libre ne doit pas être confondue avec les notions de logiciel gratuit (*freewares ou gratuiciels*), de sharewares ou de domaine public. De même, les

---

39 Définition de *copyleft* : « il s'agit d'une disposition qui fait hériter de sa licence toute dérivation d'un logiciel. L'auteur n'autorise pas que son travail puisse évoluer avec une restriction des droits qu'il accorde, en particulier de la copie. Certains parlent du caractère contaminant ou viral des licences copyleft, par exemple de la licence GPL. La conséquence du copyleft est la constitution d'un patrimoine logiciel. » (Elie. 2009, p. 5).

libertés définies par un logiciel libre sont bien plus étendues que le simple accès au code source, ce qu'on appelle souvent « logiciel à source ouverte » ou *Open Source*.

La production du logiciel libre[40] consiste simplement à développer le logiciel dont le code source est librement accessible et se situe

---

40 La compréhension du concept du logiciel libre dans ses différents aspects, notamment économiques et les enjeux qui en découlent sont présentés, d'une manière synthétique, dans cet encadré, qui s'intitule-le Modèle du logiciel libre.

Afin de mieux comprendre le modèle économique du logiciel libre, il convient de distinguer les caractéristiques typiques des logiciels commercialisés et distribués sous le modèle économique libre de ce que les différencient des autres biens. La distinction principale est simple, les logiciels libres sont des biens qui peuvent être cédés sans perte pour le cédant. Ils sont très différents au niveau économique d'un bien simple qui ne peut être cédé qu'aux dépens du cédant. C'est cette différence qui justifie un modèle économique original pour ces biens (logiciels libres), et qui explique pourquoi le modèle économique du libre ne s'applique pas à tout bien ordinaire. Cette différence peut également être liée au fait que l'échange d'un bien ordinaire se fait en contrepartie d'une rémunération. Or, pour le logiciel libre, il n'y a pas obligatoirement de liens entre cession et rémunération.

Ces particularités ouvrent des perspectives intéressantes : si j'apporte une amélioration à un logiciel, je peux partager cette amélioration avec les autres usagers de ce bien, sans pour autant m'appauvrir. Cependant, ce phénomène n'est vrai avec cette ampleur que pour des projets de grande envergure, impliquant énormément d'utilisateurs, car les contributeurs spontanés ne sont pas majoritaires. Ce modèle est moins immédiat pour des projets intéressants peu d'utilisateurs. Donc, le modèle économique du libre fonctionne pour des biens largement diffusés.

La logique économique du logiciel libre peut être étayée par le mécanisme suivant : le coût initial est très important. Il est élaboré par une main-d'œuvre hautement qualifiée. Mais, le prix de ce bien, est potentiellement, divisé par le nombre de ses consommateurs. Donc le prix diminue suivant une fonction décroissante et tend rapidement vers zéro. Tellement proche de zéro d'ailleurs qu'on néglige en pratique ce coût en général. On confond alors le logiciel libre et le logiciel gratuit.

En outre, le développement de ce modèle repose sur un travail collaboratif basé sur le volontariat (non le bénévolat).

Enfin, cette analyse, nous permet de présenter les avantages du modèle économique libre dont les points suivants :

- très grande force du travail (développement collectif par tous les consommateurs volontaires) ;
- spécialisation du produit et de ses améliorations par ses usagers ;
- très rapide développement et adaptation du produit aux besoins des usagers ;
- impossibilité de monopolisation d'un produit ou d'un marché ;
- pas de lien imposé entre fournisseur et usager du produit ;
- le développement du logiciel est payé par ses premiers usagers ;

dans la sphère hors-marché. Il n'est donc pas un bien économique au sens du logiciel propriétaire. En effet, il n'est pas issu d'un processus de production visant la profitabilité. Il ne résulte pas non plus d'une initiative publique, mais communautaire, basée sur un fondement éthique. Le mode de développement libre était la norme au début de l'informatique. Le partage des sources est resté une tradition pour nombre d'informaticiens que l'on retrouve aujourd'hui dans les communautés de développeurs.

Le rôle du logiciel libre consiste notamment à faire fonctionner les systèmes d'exploitation des machines, à aider à l'essor des entreprises innovantes qui fournissent les ressources leur permettant de rester indépendantes, de maintenir leurs marges et de créer des activités de service liés qui permettent au logiciel d'atteindre le marché.

Il convient de noter enfin que « le fait que le logiciel libre rende des fonctionnalités logicielles plus accessibles et moins chères que le logiciel propriétaire, a une incidence sur l'économie en général. » (Rastetter. 2006, p. 103).

Finalement, ces éléments montrent l'hétérogénéité et la complexité de l'industrie informatique. Celle-ci offre toute une gamme de produits et de services différenciés, et laisse place à une grande variété de fournisseurs. À chacun de ces produits ou services correspondent un certain processus de production et une organisation, qui détermine une forme particulière de modèle productif, dans lequel prédominent des aspects cognitifs spécifiques.

D'un point de vue productif

La production de l'industrie informatique se réalise différemment selon la nature des activités. Plus précisément, la production *software* immatérielle se réalise sous forme de projet bien défini. Elle consiste à la fois à apporter des solutions aux problèmes, à gérer des situations techniques et organisationnelles plus ou moins complexes et à mettre en place des méthodes d'évaluation efficaces qui permettent d'aider à la prise de décision. Autrement dit, il s'agit pour l'informaticien de collecter les données et informations relatives à une situation complexe ou à un problème donné. Ces informations sont ensuite transcrites en un langage informatique spécifique. Cet outil théorique sert à lancer un programme

---

- toute nouvelle occurrence du logiciel est vendue au prix du marché.

informatique[41] qui traite la question posée en apportant des solutions adaptées au cas envisagé. Ces solutions sont vendues sur le marché des services informatiques. Ces programmes informatiques s'appuient sur des connaissances scientifiques avancées, notamment les mathématiques. Dans l'ensemble, le contenu de ce travail est de nature immatérielle. Il est réalisé par une catégorie de travailleurs hautement qualifiés notamment les ingénieurs et les experts en ingénierie informatique. Durant toutes les étapes de la réalisation du projet, les travailleurs mobilisent à la fois des connaissances scientifiques approfondies. En résumé, les connaissances sont au cœur de cette production immatérielle qui caractérise la production informatique dite *software*. En revanche, la production *hardware* est une industrie d'assemblage dont les composants sont fabriqués par les entreprises elles-mêmes ou par des sous-traitants. Cependant, le contenu de ce travail a une dimension cognitive faible. Il n'implique pas nécessairement la mobilisation de compétences spécifiques dans sa réalisation.

La production du logiciel libre repose sur un travail de coopération. Plus précisément, elle s'inscrit dans une logique de coopération réticulaire de micro-informaticiens, favorisée par le réseau Internet. Grâce à Internet, des acteurs aux compétences complémentaires, disséminées à travers le monde, peuvent collaborer. Comme pour la recherche scientifique, la reconnaissance par les pairs constitue la principale motivation. Tous partagent le sentiment d'appartenir à une communauté éthique. La contribution apparaît alors naturelle. Chacun contribue en réalisant la partie du code qu'il maîtrise le mieux et reçoit en retour les développements des autres. Cette coopération assure non seulement la création, mais également la pérennité du logiciel. Ce travail, à fort contenu cognitif, atteste de la montée en puissance de la dimension cognitive et de l'avènement de formes nouvelles de division du travail. Dans ces nouvelles formes d'organisation, le travail est réparti selon les compétences individuelles, puis partagé avec d'autres contributeurs. Néanmoins, la production du logiciel libre est à but non lucratif, c'est-à-dire non-marchand.

---

41 Un programme informatique est une suite d'opérations prédéterminées destinées à être exécutées de manière automatique par un appareil informatique en vue d'effectuer des travaux, des calculs arithmétiques ou logiques, ou simuler un déroulement.

En définitive, la production informatique mobilise fortement les connaissances scientifiques et techniques, notamment dans les activités de *software* et du logiciel libre, qui constituent le cœur de métier de l'industrie informatique. La réalisation de ces productions s'appuie en permanence sur une dimension immatérielle, ainsi que sur la subjectivité des salariés. Ainsi, ses caractéristiques productives de cette industrie témoignent de la montée en puissance de la dimension cognitive du travail.

L'organisation du travail dans l'industrie informatique

Dans l'industrie informatique, l'organisation du travail a été fortement marquée par l'usage relativement intensif des principes de la division cognitive du travail, notamment dans les activités de *software* et du logiciel libre. Cette tendance résulte d'une forte interdépendance entre les productions intensives en connaissances et les évolutions technologiques liées à la diffusion permanente des innovations. On note néanmoins des modalités organisationnelles différentes au sein de l'industrie informatique.

Le principe de répartition du travail s'applique à l'organisation des activités de *software.* La réalisation du produit mobilise des blocs de savoir de nature différente. Le travailleur dispose d'une autonomie relativement forte et exerce son travail en coopération avec ses collègues et son encadrement. Ainsi, les lignes hiérarchiques sont relativement moins fortes. La frontière entre le temps de travail au sein de l'entreprise et le temps hors travail s'efface progressivement. Les réseaux interviennent de plus en plus comme outils productifs et comme supports organisationnels. Ses caractéristiques organisationnelles témoignent également de la montée en puissance des principes cognitifs dans l'organisation du travail des pays développés.

De même que le principe de répartition du travail s'applique également à l'organisation du travail des activités liées au logiciel libre, en fonction des compétences spécifiques mobilisées dans la réalisation de ces activités. Cette organisation accorde beaucoup d'autonomie aux travailleurs et permet des échanges très coopératifs entre collègues. Ces échanges sont même souhaitables pour le partage des savoirs faires et l'enrichissement des connaissances qui contribuent à améliorer la qualité du produit final. Le travailleur s'appuie sur l'usage des réseaux notamment le réseau Internet. La spécialisation dans le travail est très pointue et précise. Elle requiert l'acquisition de compétences spécifiques et s'appuie sur la coopération scientifique et sur des domaines de savoirs précis. En outre, cette forme organisationnelle se rapproche de l'organisation des activités de *software*. Mais elle se différencie par la nature du travail. Les activités du logiciel libre sont non marchandes. Les activités de *software*, marchandes, font intervenir les mécanismes incitatifs pour un meilleur fonctionnement de l'organisation.

Enfin, les activités de *hardware* s'organisent, généralement, selon le principe de la division technique du travail. Mais, elles se caractérisent par une certaine flexibilité organisationnelle. La polyvalence transparaît ainsi dans l'exécution des tâches, la coopération est de nature horizontale, la maîtrise des machines est confirmée. Les lignes hiérarchiques s'affaiblissent également. Les activités de *hardware* s'inscrivent dans une logique d'organisation taylorienne flexibilisée, disposant d'un contenu cognitif relativement faible. Par conséquent, elles ne corroborent pas la thèse de la montée en puissance de la dimension cognitive du travail.

Pour conclure, il nous semble que les principes productifs et organisationnels de l'industrie informatique diffèrent selon la nature de ses activités. Les activités de *software* et celles liées au modèle du logiciel libre livrent des indicateurs suffisamment significatifs pour justifier la thèse de la montée en puissance de la dimension cognitive du travail dans les modèles productifs postfordistes. Il convient également de souligner qu'il existe une proximité tant productive qu'organisationnelle entre l'industrie informatique et celle des télécommunications.

3 – La montée de la dimension cognitive du travail illustrée par l'industrie pharmaceutique

Bien que l'histoire de l'industrie pharmaceutique soit très ancienne, « les grands groupes pharmaceutiques actuels apparaissent presque tous à la fin du siècle dernier avec la naissance et l'expansion de leur industrie pharmaceutique nationale, mais surtout après la Première Guerre mondiale avec le développement des sciences médicales et des systèmes de protection sociale. » (Hamdouch et Depret, 2001, p. 18). Cette industrie tient son originalité de trois caractéristiques liées. Premièrement, ses activités concernent directement les aspects de la santé humaine. Deuxièmement, les médicaments et prescriptions peuvent être considérés comme des biens sous tutelle au sens où leurs modalités de tarification et de commercialisation sont encadrées par des procédures

réglementaires strictes. Enfin, le consommateur final (le patient) ne choisit pas directement le produit qu'il consomme puisque le choix incombe à un acteur intermédiaire (le médecin) (Perrochon. 2000, p.127).
Sur le plan technologique, l'évolution du secteur pharmaceutique se manifeste de deux façons. D'une part, le processus d'innovation[42] se rationalise progressivement. D'autre part, les espoirs grandissent en ce qui concerne le traitement de maladies réputées incurables. Les méthodes issues des nouvelles biotechnologies sont de nature multidisciplinaire. Elles nécessitent l'agrégation et le traitement d'un grand nombre de connaissances académiques très spécialisées, rarement réunies dans une seule firme. Par ailleurs, ces méthodes requièrent la mise en œuvre d'un ensemble de compétences, de savoir-faire et de matériels spécifiques et extrêmement diversifiés. Enfin, « le caractère fortement expérimental des connaissances et des outils biotechnologiques tend à accroître le coût global de la découverte ainsi que les contraintes organisationnelles et les incertitudes liées au résultat. » (Perrochon, 2001, op.cit., p. 128).
Sur le plan de l'analyse économique, l'industrie pharmaceutique est classée dans l'industrie des biens de consommation. Elle regroupe généralement trois secteurs d'activité : la fabrication des produits pharmaceutiques de base, la fabrication de médicaments et la fabrication d'autres produits pharmaceutiques. Ces deux derniers secteurs servent à la médecine humaine et à la médecine vétérinaire. L'industrie pharmaceutique a pour mission la découverte, le développement et la mise au point de médicaments efficaces. Les conditions de production doivent assurer la sécurité, la qualité et la diffusion des médicaments partout où ils peuvent contribuer à la santé des populations. Il s'agit également de surveiller les effets des médicaments après leur commercialisation. Cette industrie se distingue d'autres secteurs d'activité par la nature spécifique de son produit, le médicament. En effet, parce qu'elle est étroitement liée à la santé et à la qualité de la vie humaine, la

42 Les nouvelles biotechnologies offrent de sérieuses opportunités de rationalisation des processus d'innovation en produit et en procédé. La synthèse des molécules s'inscrit encore dans le cadre du paradigme chimique et s'effectue ainsi pour une large part de façon aveugle, c'est-à-dire sans connaître la nature des liens qui unissent la structure d'une molécule efficace à la maladie considérée (Perrochon, 2000, p. 127).

conception des médicaments soulève des questions éthiques et collectives cruciales. En effet, sur les plans réglementaire et éthique, la manipulation du vivant et le développement de solutions thérapeutiques inédites soulèvent des enjeux importants quant à leur brevetabilité, leur dimension de biens communs et également en ce qui concerne les procédures de tests et de commercialisation.
Le marché de l'industrie pharmaceutique a une structure atomisée, fragmentée et relativement segmentée. Cependant, on observe parallèlement des facteurs de concentrations significatifs dès que l'on affine l'analyse au niveau des différentes classes thérapeutiques. Cette spécificité structurelle est liée notamment au fait que le médicament est un produit de consommation très réglementé et soumis à des contraintes « institutionnelles » fortes.
Le secteur de l'industrie pharmaceutique est très concurrentiel. En effet, la concurrence s'élargit et se reconfigure rapidement sous l'effet conjugué du nouveau paradigme biopharmaceutique et de la globalisation. Ce jeu concurrentiel impose aux grands groupes pharmaceutiques de coopérer dans l'optique de rassembler des partenaires stratégiques pour maîtriser les processus d'innovation et de commercialisation. Or, le nombre de partenaires clés potentiels est par nature limité. Il se restreint précisément au fur et à mesure que des rapprochements et des alliances se forment. Au final, « la dynamique concurrentielle dans ce secteur se déplace de la simple rivalité interindividuelle entre firmes indépendantes sur les marchés vers des interactions concurrentielles et coopératives intra et intercoalition de firmes qui prennent place très en amont sur le marché. » (Hamdouch et Depret, 2001, p. 6).
L'industrie pharmaceutique accorde davantage de place à la stratégie et s'oriente vers un recentrage thérapeutique. Les laboratoires traditionnellement diversifiés dans l'agrochimie ou plus généralement dans la chimie ont procédé à des scissions entre les activités stratégiques et les activités jugées non stratégiques. De même qu'on assiste parallèlement à une rationalisation des programmes de R&D. Le recentrage thérapeutique est principalement opéré en faveur des pathologies les plus graves, les plus invalidantes et les plus répandues.
Cette brève caractérisation de cette industrie nous permet de mettre en avant son rôle structurant dans la montée en puissance de la dimension cognitive du travail. Pour ce faire, nous exposons ses aspects organisationnel et productif afin de dégager certains indicateurs qui témoignent de la réalité de cette tendance.

Organisation du travail dans l'industrie pharmaceutique : affirmation des principes cognitifs

Sur le plan productif, le processus de production de cette industrie est fragmenté sur les territoires ayant des compétences spécifiques à la réalisation de chaque fragment de production. De cette fragmentation résulte une parcellisation des tâches. Un produit peut ainsi franchir plusieurs fois les frontières avant sa commercialisation. Produit par exemple en France, il peut être exporté pour être conditionné, puis réimporté pour être distribué dans le monde entier. Chaque segment tend à se localiser là où résident les compétences associées aux blocs de savoir sous-jacents. Selon cette logique, les différentes localisations possibles pour la production d'un fragment ne sont pas directement évaluées en fonction de la capacité à obtenir la minimisation immédiate des coûts. Mais elles sont évaluées en fonction de deux autres critères : leur capacité à offrir le plus haut niveau de maîtrise des connaissances dans le champ concerné et leur capacité à se maintenir au cours du temps à la frontière des connaissances. Cet argument est conforté par le fait que les entreprises du secteur, déjà localisées sur leur territoire national, parviennent, grâce à leurs compétences, à s'affirmer sur les marchés mondiaux. En outre, dans ce secteur, l'importance de la R&D constitue un élément central pour l'implantation à l'étranger et la compétitivité internationale.

Dans cette industrie, le travail repose principalement sur les connaissances scientifiques nécessaires à la réalisation de chacun des fragments du produit. De fait, la main-d'œuvre employée doit disposer de connaissances spécifiques à l'exercice de ce travail. La main-d'œuvre, qualifiée et formée, mobilise notamment sa subjectivité et son savoir-faire dans l'exercice de son métier.

Sur le plan organisationnel, l'industrie pharmaceutique repose sur le principe de spécialisation et de répartition du travail sur la base des connaissances et compétences requises pour maîtriser les nouveaux principes scientifiques et les nouvelles méthodes de R&D. « Ces connaissances apparaissent non seulement plus pointues, plus diversifiées et plus transversales (pluridisciplinaires), mais elles font, pour une large part, cruellement défaut aux grands laboratoires pharmaceutiques. Ces derniers sont ainsi contraints, sous peine d'être rapidement distancés et exclus des processus d'innovation, de développer des liens étroits avec différents types de partenaires, notamment avec des sociétés de biotechnologie et

des centres académiques de recherche. » (Hamdouch et Depret, 2001, op.cit., p. 5). Plus précisément, il s'agit de procéder à une répartition des activités ou des segments du produit sur des territoires distincts selon le principe des avantages absolus en matière de connaissance, de blocs de savoir et d'innovation. Cette forme organisationnelle s'inscrit donc dans une logique très proche de celle de la division cognitive du travail.
En conclusion, la caractérisation synthétique de l'industrie pharmaceutique livre des éléments significatifs qui plaident pour la montée en puissance de la dimension cognitive du travail.

III – La mutation interne des industries motrices du fordisme

La mutation interne des industries motrices du fordisme résulte de trois facteurs. En premier lieu, la force du travail s'est modifiée suite à la hausse du niveau de la formation et à la montée du travail cognitif. Par ailleurs, le travail en amont et en aval de la production directe a pris de l'importance dans les secteurs traditionnels du fordisme. Enfin, la demande liée à la saturation des marchés de biens standardisés s'est diversifiée, favorisant ainsi le retour de la production en petite série.

1 – Le changement de la force du travail suite à la hausse du niveau de formation et la montée du travail cognitif

Malgré ses effets positifs sur l'accroissement de la productivité du travail, l'organisation du travail fordiste n'a pas pu valoriser le travail routinier de l'ouvrier sur son poste de travail. Au contraire, elle se désintéresse de l'ouvrier spécialisé. Celui-ci ne peut plus faire valoir ses compétences pour espérer gravir les échelons de la hiérarchie. En effet, dès la fin des années 1960, on peut percevoir les limites de cette forme organisationnelle. L'absentéisme augmente dans les chaînes de montage. La rotation des effectifs (*turnover*) s'accélère. On constate une hausse des produits défectueux. L'opposition à cette forme organisationnelle devient un motif de grève.
Depuis, les évolutions économiques, techniques et sociales semblent remettre en cause les fondements de l'OST. De plus, les entreprises doivent réagir rapidement aux évolutions d'un marché incertain, satisfaire les demandes des consommateurs de plus en plus variées et utiliser de manière optimale de nouvelles technologies coûteuses.

En conséquence, l'organisation du travail taylorienne n'a pas pu apporter des solutions adaptées à ces changements. En effet, dans ce nouveau contexte, l'ouvrier doit rapidement mobiliser ses savoirs pour réduire le nombre et la durée des pannes. Il doit anticiper, proposer de nouvelles idées et procéder sans délai aux réglages requis par des productions en petite et moyenne série plus diversifiée. Ces nouvelles exigences supposent une implication des salariés, une polyvalence et une qualification basées sur les savoirs scientifique et technique, rompant ainsi avec l'esprit du taylorisme. L'ouvrier doit ainsi contribuer à l'adaptation de l'appareil productif et de son organisation aux exigences du marché. Cette nouvelle force de travail mobilise de nouvelles formes d'organisation du travail, fondées notamment sur une plus grande décentralisation des décisions, une polyvalence dans l'exécution des tâches, le travail en équipe, les cercles de qualité, la production réflexive, etc.

2 – L'importance du travail situé en amont et en aval de la fabrication directe dans les secteurs traditionnels du fordisme

Après la crise du fordisme, dans plusieurs secteurs d'activité, les fonctions amont et aval de la chaîne de valeur occupent une place centrale dans les processus productifs des firmes.

En effet, en amont du processus de production, de nombreuses firmes industrielles accordent une importance particulière aux activités de conception. Elles investissent notamment une part importante de leur chiffre d'affaires dans la recherche fondamentale et appliquée. Elles essaient de concevoir un nouveau produit ou d'améliorer les caractéristiques et la qualité des produits existant afin de répondre aux attentes des consommateurs et de sauvegarder leurs parts de marché. En aval, les stratégies de profit mises en place par les firmes reposent surtout sur les activités de marketing, de logistique, de commercialisation et le service après-vente, qui deviennent de plus en plus déterminantes pour leur survie.

Seule une main-d'œuvre qualifiée, dotée de compétences et savoir-faire spécifiques, peut réaliser et organiser ces activités. Le contenu de ce travail et sa dimension organisationnelle sont essentiellement de nature cognitive. Ainsi, l'industrie motrice du fordisme s'inscrit dans une nouvelle tendance organisationnelle et productive. Les principes cognitifs semblent prendre irréversiblement l'ascendant sur les principes qui régissent la production de masse standardisée. En définitive, la chaîne de valeurs de l'industrie motrice du

fordisme s'est restructurée en faisant des activités en amont et en aval leur cœur de métier. Les activités cognitives sont montées en puissance dans le processus de création de valeurs de l'industrie motrice du fordisme, notamment dans les pays développés.
Sur le plan empirique, l'industrie automobile illustre parfaitement cette tendance. En amont du processus productif, les travaux de R&D sont centrés sur l'élaboration de moteurs plus adaptés aux normes environnementales et moins consommateurs en énergie. Dans ce domaine, un grand effort est aussi déployé pour l'élaboration de moteurs électriques et hybrides. Le travail, purement cognitif, est réalisé par des ingénieurs et techniciens hautement qualifiés et très autonomes dans l'exercice de leur métier. Les activités de conception, également spécifique, portent sur le design. Le designer prend en charge la conception du véhicule et son rôle est loin d'être négligeable. Il peut aussi intervenir pour améliorer l'esthétique d'un véhicule déjà existant. Le designer va donc combiner et mettre en œuvre des éléments variés sur la base de données, issues des départements du marketing, de l'ergonomie de la technologie, des sciences humaines, de l'économie. Le but est d'obtenir des gammes de véhicules diversifiées qui répondent mieux aux attentes de la clientèle. De notre point de vue, ce travail créatif combinant dans l'art et la science, atteste de l'importance des activités cognitives dans le processus de création de valeurs de l'automobile.
En aval du processus productif, l'industrie automobile repose aussi sur les activités de marketing, de logistique, de commercialisation et de service après-vente. Ainsi, les firmes automobiles mettent en place des stratégies marketing agressives. Elles étoffent notamment leur force de vente, qui repose sur des équipes encadrées et qualifiées. Plus ces équipes sont créatives, plus elles contribuent au chiffre d'affaires et à la rentabilité des firmes. Il convient également de distinguer la force de vente interne – également nommée équipe de vente, caractérisée par l'ensemble du personnel sédentaire, de la force de vente externe, composée de l'ensemble du personnel mobile. On notera toutefois que cette distinction interne/externe est utilisée dans certains cas pour différencier les salariés de l'entreprise (F.D.V. interne) d'autres personnels tels que par exemple les représentants indépendants, les sous-traitants et les agents commerciaux. Dans la phase de production, les firmes automobiles s'appuient également sur les activités de logistique. Celles-ci consistent à satisfaire des demandes ou des commandes

qui portent sur la gestion de matières (transport, stockage) et des flux d'informations associés (notion de traçabilité). La logistique est également chargée de gérer les moyens qui permettent d'atteindre cet objectif (matériels, machines et ressources financières). Elle mobilise des ressources humaines compétentes pour y parvenir. Enfin, dans l'industrie automobile, la chaîne logistique est entendue de manière globale, au sein de l'entreprise, mais également à travers les réseaux de fournisseurs et de sous-traitants. Elle permet de garantir au constructeur et au distributeur la qualité, c'est-à-dire la conformité du service logistique au cahier des charges à moindre coût. La qualité du service est ainsi optimisée, ce qui permet d'augmenter les ventes et les parts de marché. Enfin, le service après-vente occupe également une grande place dans les activités en aval du processus productif automobile. En effet, il offre un éventail de services, notamment en ce qui concerne l'entretien et la maintenance du véhicule, les fonctionnalités et le suivi du cycle de vie du véhicule. Il permet également de fidéliser la clientèle. Ces activités sont exercées une main-d'œuvre qualifiée : les principes cognitifs transparaissent de façon prépondérante, tant dans la réalisation de ces activités que dans leur organisation.

En définitive, cette exemplification empirique met en valeur l'importance des activités en amont et en aval dans la chaîne de valeurs de l'industrie automobile. Le fait qu'elles mobilisent autant les principes cognitifs confirment la thèse de la montée en puissance de la dimension cognitive dans les processus postfordistes de création de valeurs, dans les pays développés.

3 – La diversification de la demande liée à la saturation des marchés des biens standardisés et le retour à la production en petite série

L'équipement de la majeure partie des ménages en produits standardisés dans les pays de l'OCDE durant la fin des années 1970 et l'apparition de nouvelles attentes des consommateurs en matière de qualité et de nouveaux produits ont engendré la déformation de la structure de la demande. Celle-ci se caractérise notamment par l'accroissement des biens immatériels. Ainsi, les consommateurs se montrent versatiles dans leurs comportements : ils exigent de plus en plus de produits différenciés et de meilleure qualité. Ce changement dans les modes de consommation a conduit à la hausse de la production immatérielle, notamment les prestations de services et au retour en force de la production en petite série, incarnée notamment par la réémergence des modèles artisanaux, toyotiste et de la production réflexive.

Conclusion du premier chapitre

Ce premier chapitre a montré les causes structurelles à l'origine de la montée de la connaissance dans les processus postfordistes de création de valeurs. Ces causes ont été incarnées notamment par la combinaison d'un certain nombre de facteurs socioéconomiques, institutionnels et historiques, comme par exemple la hausse du niveau de formation, la révolution des TIC, l'intensification de l'effort d'innovation, la montée des activités de service, les mutations et l'essor de nouveaux secteurs, etc. L'interaction de ces facteurs a donnée lieu, depuis la crise du fordisme, à une nouvelle dynamique d'accumulation fondée sur l'exploitation de la connaissance dans le procès de travail. Cette dynamique a engendré, à son tour, des conséquences socioéconomiques sur l'activité et l'emploi dans les pays de l'OCDE. Nous tâchons de les étudier dans le chapitre suivant.

CHAPITRE II - LES CONSÉCONCES DU DÉVELOPPEMENT DE LA DIVISION COGNITIVE DU TRAVAIL SUR L'ACTIVITÉ ET L'EMPLOI DANS LE CAPITALISME POSTFORDISTE

En mobilisant un certain nombre de faits stylisés et de travaux empiriques, notre objectif dans ce second chapitre est d'expliquer les conséquences socioéconomiques de la montée de la dimension cognitive du travail sur l'activité et l'emploi en France et dans certains pays de l'OCDE. Pour ce faire, nous présentons notre analyse en trois axes.

i) Dans le premier axe, nous mettons en évidence les indicateurs qui plaident pour la montée de la dimension cognitive du travail dans les processus productifs postfordistes en France. Nous explorons les travaux et les enquêtes de la DARES sur les mutations productives et organisationnelles en France.

ii) Dans le second axe, nous tâchons de dégager d'autres indicateurs, qui corroborent cette thèse de la montée de la dimension cognitive du travail pour certains pays de l'OCDE. Nous discutons notamment de deux concepts ayant trait à la classe créative de Florida (2002) et à la classe des manipulateurs de symboles de Reich (1993).

iii) Enfin, dans le dernier axe d'analyse, nous présentons les conséquences de la montée en puissance de la dimension cognitive du travail sur l'emploi en France. À cette fin, nous examinons l'évolution des catégories socioprofessionnelles en France entre 1968 et 2007. Nous traitons ensuite la mutation du travail dans les usines de la régie Renault, des Trente Glorieuses jusqu'à l'année 2010.

I - Les conséquences sur l'activité économique en France et dans les pays de l'OCDE

Notre objectif est d'explorer certains faits stylisés et travaux empiriques sur les mutations productives et organisationnelles en France et dans certains pays de l'OCDE afin de dégager les conséquences de la montée en puissance de la dimension cognitive du travail sur l'activité économique.

I – 1 Une tendance lourde à la progression du travail immatériel et intellectuel en France

Sur la base d'un certain nombre de faits stylisés comme par exemple l'enquête de la Dares (1997) « *Changements organisationnels et informatisation* », les travaux de la DARES (2005) sur l'industrie française et l'enquête de Coutrot (2004) sur « *le télétravail en France* », nous apportant des indicateurs quantitatifs et qualitatifs qui plaident pour la montée en puissance du travail immatériel et intellectuel dans les processus de création de valeurs en France.

1–1 Changements organisationnels et informatisation (COI), enquête 1997 de la Dares : la montée de la dimension cognitive dans les entreprises industrielles

Selon la Dares, « l'enquête COI est un dispositif d'enquêtes couplées entreprises /salariés sur les changements organisationnels et l'informatisation. Le volet « entreprises » de l'enquête cherche à cerner la manière dont l'entreprise mobilise les outils de gestion de l'organisation du travail et des ressources humaines, et les outils techniques couramment regroupés sous les termes de TIC (Technologies de l'information et de la communication). »[43]

Les données collectées auprès des salariés complètent utilement les informations issues du volet d'enquête « entreprises » sur les caractéristiques organisationnelles des postes de travail et sur les usages des TIC. Cette enquête permet d'estimer les effets des changements dans l'organisation et l'usage de l'outillage informatique au sein des entreprises, sur l'organisation du travail des salariés, leurs compétences, leur formation, leurs conditions de travail et leurs salaires.

Son champ d'analyse porte sur les entreprises de 20 salariés et plus, employeurs et salariés (enquête couplée), dans les secteurs de l'industrie, des industries agroalimentaires, d'une branche des services (celle des experts comptables) et d'une branche du commerce (celle des magasins de bricolage). L'enquête a été menée auprès d'un échantillon de 8 812 salariés du secteur industriel hors énergie, des secteurs du commerce et des services[44].

---

[43] Voir la DARES : **http://travail-emploi.gouv.fr/IMG/pdf/Catalogue2012def-5.pdf)**.

44 **Changements organisationnels et informatisation (COI) 1997.**
1-Thème : conditions de travail

D'après l'enquête de la Dares, intitulée «Changements organisationnels et informatisation 1997», les entreprises industrielles ont mis en place de nouvelles formes d'organisation du travail afin d'améliorer leurs performances pour faire face aux exigences du marché.

---

2 – Unité statistique enquêtée : entreprises et individus.
3 – Objectifs principaux : le volet « entreprises » de l'enquête cherche à cerner la manière dont l'entreprise mobilise les outils de gestion de l'organisation du travail et des ressources humaines et les outils techniques couramment regroupés sous les termes de TIC. Le volet « salariés » apporte une information complémentaire au volet « entreprises » sur les caractéristiques organisationnelles des postes de travail et sur les usages des TIC. L'ensemble de l'enquête vise à évaluer les effets des changements dans l'organisation et l'outillage informatique des entreprises sur l'organisation du travail des salariés, leurs compétences, leur formation, les conditions de travail, les salaires.
4 – Champ : les entreprises de 20 salariés et plus, employeurs et salariés (enquête couplée) dans les secteurs de l'industrie, des industries agroalimentaires, d'une branche des services (celle des experts-comptables) et d'une branche du commerce.
5 – Lien avec d'autres enquêtes : non
6 – taille de l'échantillon et taux de réponse : 8 812 salariés sélectionnés, taux de réponse de 71 % (11 % n'ont pu être contactés, 10 % avaient quitté l'entreprise entre-temps et 8 % ont refusé de répondre à l'enquête).
7 – Enquête répétée : oui
8 – Si oui périodicité : 1997 et 2006.
9 – Année de collecte : 1997.
10 – Mode de collecte pour le volet « entreprises » : questionnaires auto-administrés, remplis par le chef d'entreprise, le DRH, etc.
Volet « salariés » : enquête téléphonique ou entretiens en face à face en cas d'absence de téléphone.
11 – Documents de collecte en ligne : questionnaire salarié.
12 – Unité responsable de l'enquête : Dares - Département des conditions de travail et santé.
13 – Premières publications
- 2003 - 20.1, Greenan N. (CEE), Hamon-Cholet S. (Dares), Walkowiak E. (Iris), « Autonomie et communication dans le travail : les effets des nouvelles technologies », *Premières Synthèses*, Dares.
- 2000 - 09.3, Greenan N. (CEE), Hamon-Cholet S. (Dares), « Les salariés industriels face aux changements organisationnels en 1997 », *Premières Synthèses*, Dares.

14 – Mots clés : conditions de travail – santé au travail.
15 – Données disponibles au centre Quetelet : non.

Source *:* http://travail-emploi.gouv.fr/IMG/pdf/Catalogue2012def-5.pdf

Selon les résultats de cette enquête, 34 % des entreprises étudiées sont certifiées « ISO *International Organization for Standardization*», 28 % poursuivent une « démarche de qualité totale » et 53 % exigent de leurs fournisseurs une garantie de qualité. De même que les systèmes de juste-à-temps sont un peu moins diffusés que les dispositifs « ISO » et « démarche de qualité totale » : 30 % des entreprises étudiées dans le cadre de cette enquête déclarent livrer en juste-à-temps, 30 % également déclarent produire en juste-à-temps et 43 % exigent de leurs fournisseurs de livrer dans des délais serrés. Les entreprises industrielles font aussi appel à d'autres méthodes : 19 % déclarent être organisées en centres de profit et 22 % ont recours à des contrats clients/fournisseurs internes. Grâce à ces méthodes, l'entreprise instaure des mécanismes de marché dans ses transactions internes afin de mieux maîtriser les coûts.

Les entreprises utilisent également d'autres dispositifs organisationnels innovants tels que par exemple les méthodes d'analyse des produits et procédés (15 % des entreprises) et de maintenance préventive (8 %). L'objectif commun de ces méthodes est de mieux connaître les produits, les modes opératoires et les équipements, afin d'anticiper les pannes et les problèmes de sécurité, de gaspillage ou les insatisfactions potentielles du consommateur. Ainsi, 29 % des entreprises étudiées déclarent que plus de 10 % de leurs salariés de production (la sphère d'exécution) participent à des équipes de travail autonomes. De même que 24 % des entreprises étudiées par l'enquête déclarent qu'au moins 10 % de leurs salariés de la sphère d'exécution font partie des équipes de résolution de problèmes. Enfin, 16 % des entreprises étudiées déclarent qu'au moins 10 % de leurs salariés qui exécutent les tâches font partie des équipes de projet.

Cette enquête souligne également la manière dont les méthodes de maintenance préventive et les équipes de résolution de problèmes sont positivement associées à de nouvelles tâches qui enrichissent le poste de travail.

En conclusion, cette enquête révèle que les entreprises françaises mobilisent de nombreux dispositifs organisationnels, très proches en matière de contenu des principes de la division cognitive du travail. Les processus productifs tendent à s'intellectualiser. Ainsi, les salariés de la sphère d'exécution sont souvent associés aux tâches de réflexion, de proposition et de conception. Toutefois, il est aussi possible d'interpréter autrement l'évolution de l'industrie française. Si l'on prend en compte des critères de qualification, de contenu du travail, etc., d'autres indicateurs viennent également confirmer la thèse du développement de la dimension cognitive du travail dans les processus de création de valeurs. Ainsi, sur la base des travaux de la Dares (2005) portant sur les secteurs et les métiers industriels, nous présentons cette seconde interprétation de l'évolution de l'industrie française.

1–2 La tendance à l'intellectualisation de la production industrielle française

Les travaux de la Dares (2005), ont souligné qu'au cours des vingt dernières années, en dépit de la baisse des effectifs de l'industrie, la part des métiers les plus qualifiés a augmenté ou n'a que très faiblement diminué. Leur dynamisme s'appuie notamment sur la spécialisation professionnelle ou fonctionnelle de certains de ces métiers. La croissance de l'emploi a été plus prononcée pour les ingénieurs de R&D que pour les ingénieurs techniques de l'industrie, plus directement affectés à des tâches de production.

Concernant le travail non qualifié, en vingt ans, il y a une certaine stabilité de l'emploi des ouvriers non qualifiés de la manutention. Ce type d'emploi est difficilement automatisable et moins facile à externaliser. En revanche, l'emploi des ouvriers non qualifiés du type industriel a beaucoup baissé. Parallèlement, le nombre de diplômés ayant un niveau au moins supérieur au BEPC[45] a augmenté chez les ouvriers non qualifiés industriels : 25 % en 1982 et 43 % en 2002. En outre, le contenu du travail des ouvriers qualifiés s'est rapproché de celui des ouvriers non qualifiés. Deux facteurs sont à l'origine de ce rapprochement. Durant les années 1990, les ouvriers ont vu leur accès aux nouvelles technologies de l'information et de la communication s'élargir considérablement dans de nombreux secteurs industriels. Par ailleurs, les ouvriers non qualifiés utilisent, comme les ouvriers qualifiés, l'informatique de façon intensive.

Dans ses travaux sur les mutations de l'industrie française, Lojkine (1986) a soutenu également la thèse d'un rapprochement entre ouvriers qualifiés et ouvriers non qualifiés. En effet, selon l'auteur, entre 1991 et 1998, l'utilisation de l'informatique a plus que triplé pour les ouvriers non qualifiés de la mécanique ou des industries de

45 Brevet d'Etudes du Premier Cycle, renommé Diplôme National du Brevet depuis 1988.

process. Par leur pratique plus intensive des TIC, ceux-ci se sont ainsi rapprochés de leurs homologues qualifiés. En effet, « les ouvriers d'aujourd'hui manipulent davantage des symboles que de la matière et les cadres en blouse blanche se rencontrent aussi fréquemment dans les bureaux d'études que dans les ateliers automatisés. » (Lojkine, 1986, p. 218).
En définitive, ce travail de la Dares met en évidence la tendance à l'intellectualisation de la production industrielle française. Cette évolution a été associée notamment au rapprochement entre travailleurs qualifiés et ouvriers non qualifiés dans l'exercice de leurs tâches et à l'accroissement de la proportion des travailleurs qualifiés dans la réalisation des processus productifs. Ainsi, nous pouvons affirmer que cette lecture de l'évolution des secteurs et des métiers de l'industrie en France reflète réellement une tendance à l'essor de la dimension cognitive du travail et confirme les conclusions des travaux précédents.
Toutefois, quelques remarques peuvent être adressées à cette analyse. En effet, elle évacue de son champ les petites entreprises innovantes et artisanales. Or, ces entreprises sont au cœur des mutations observées. Elles emploient une main-d'œuvre qualifiée, qui maîtrise les différentes étapes du processus de production et mobilise aussi des savoirs et des connaissances de plus en plus spécifiques et précises. Ce travail de la Dares exclut également des pans entiers du travail immatériel et cognitif, notamment les activités liées à l'économie de la collaboration et les différentes formes de travail du consommateur. Enfin, il convient de noter que ce travail de la Dares a omis certaines transformations organisationnelles et productives concrètes, qui se sont opérées dans l'industrie française. C'est le cas notamment, du développement des activités de télétravail qui recouvrent l'industrie et les services et témoignent, comme nous le verrons, de la montée du rôle des activités cognitives dans les processus de création de valeurs.

1–3 Le télétravail en France : une tendance qui s'accorde avec la primauté de la division cognitive du travail

La dimension cognitive du travail associée à l'usage des TIC favorise l'autonomie dans le travail, à la fois dans la définition de son contenu et dans le choix du lieu de son exécution. Dans ses travaux sur le développement du télétravail en France et son potentiel[46], Coutrot (2004) a estimé que « sur 22 millions de salariés, seuls 440 000 pourraient être identifiés comme des « télétravailleurs à domicile » et 1 100 000 comme « télétravailleurs nomades », soient 2 % et 5 % des salariés.» (Coutrot. 2004, p.1). Ces « télétravailleurs » sont essentiellement des salariés très qualifiés. En effet, près de la moitié d'entre eux sont ingénieurs ou cadres. Près d'un tiers exerce une profession intermédiaire. En revanche, aucun ouvrier et très peu d'employés pratiquent le télétravail. Parallèlement, il a souligné que « 10 % des cadres peuvent être considérés comme des télétravailleurs à domicile (4 % fixes, 6% alternants), mais seulement 2 % des professions intermédiaires (respectivement 1 % et 1 %), et moins de 1 % des employés. » (Coutrot, 2004, op.cit., p. 2).

Selon l'auteur, deux secteurs se distinguent par une utilisation plus intensive du télétravail : « le secteur financier (banques et assurances), avec 3 % de télétravailleurs à domicile, surtout fixes, et 9 % de télétravailleurs nomades ; et surtout, les services aux entreprises, qui comptent 4 % de télétravailleurs en alternance et 16 % de télétravailleurs nomades. » (Coutrot, 2004, op.cit., p. 3). L'industrie manufacturière et l'administration se situent dans la moyenne.

Par ailleurs, les télétravailleurs ont des horaires plus souples. Ainsi, « chez les cadres, 57 % des télétravailleurs à domicile et 53 % des télétravailleurs nomades déterminent librement leurs horaires de travail, contre 35 % des cadres ordinaires. » (Coutrot, 2004, op.cit., p. 3). Cette liberté s'accompagne d'une plus grande flexibilité dans l'organisation et la répartition du temps de travail. Les « télétravailleurs » sont beaucoup plus nombreux à déclarer travailler la nuit, le samedi ou le dimanche. Les plus concernés sont les « télétravailleurs » alternants à domicile : « 20 % d'entre eux déclarent travailler habituellement la nuit (après 22 heures et avant 6 heures), contre 10 % des autres salariés. Alors que 70 % des salariés ne travaillent jamais la nuit. » (Coutrot, 2004, op.cit., p. 3).

Cette rapide description permet de définir le télétravail comme une activité ayant un contenu fort cognitif. En effet, l'exercice de cette activité nécessite la mobilisation des connaissances spécifiques relatives à l'usage des technologies de l'information et de la communication. La main-d'œuvre, très qualifiée, détermine

46 Le télétravail est ici défini comme une activité où le salarié fait un usage professionnel intensif de l'informatique, à l'extérieur de l'entreprise.

librement son temps de travail et adopte une organisation adaptée à son emploi de temps. Dans l'ensemble, le télétravail tend à soutenir l'essor de la dimension cognitive du travail, bien que son degré de diffusion reste relativement faible dans l'industrie manufacturière.
Toutefois, les travaux de Coutrot (2004) sur le télétravail restent néanmoins limités sur un certain nombre de points suivants :
i) ils ne permettent pas de cerner la réalité des modèles productifs tant sur le plan productif que sur celui de l'organisation de travail. En effet, l'activité du télétravail est peu courante dans l'industrie manufacturière et dans les services traditionnels ;
ii) les travaux mobilisés n'intègrent pas dans leur champ d'analyse le modèle artisanal et les petites entreprises innovantes. Par leurs caractéristiques productives et organisationnelles, ces entreprises ne peuvent mettre en œuvre le principe de télétravail.
En conclusion, les enquêtes et travaux de la Dares livrent des indicateurs qui témoignent de la montée en puissance de la dimension cognitive du travail dans les processus industriels de création de valeurs en France. Ces travaux ont le mérite d'essayer d'expliquer cette tendance, à partir de la combinaison d'un certain nombre de facteurs caractéristiques des productions postfordistes et de leur organisation en France. Ces facteurs peuvent être résumés, en partie, dans les points suivants : diffusion et usage des TIC dans l'industrie ; hausse du niveau de formation de la main-d'œuvre ; automatisation et informatisation des processus productifs, etc. Notons enfin que d'autres faits stylisés concernant certains pays de l'OCDE corroborent aussi cette tendance à la montée en puissance de la dimension cognitive du travail dans les processus de création de valeurs. C'est le cas notamment des travaux de R. Reich (1991) et de R. Florida (2002) sur les classes créatives et de manipulateurs de symboles aux États-Unis que nous allons analyser ci-après.

I – 2 La montée en puissance de la dimension cognitive dans les processus productifs dans les pays de l'OCDE

Dans cette analyse, notre objet a pour finalité d'élargir le champ d'analyse sur la montée des principes de la division cognitive dans les processus productifs postfordistes dans les pays de l'OCDE. À cet effet, nous explorons les travaux de Florida (2002) et Reich (1991), qui soutiennent la thèse de la montée des principes de la division cognitive du travail. Ces deux auteurs ont mis l'accent sur l'avènement de classes de travailleurs du savoir aux États-Unis. L'analyse de ces travaux permet de dégager d'autres indicateurs qui corroborent la thèse du développement de la dimension cognitive du travail dans certains secteurs d'activité y compris l'industrie manufacturière.

1 – Quelques recherches et faits stylisés sur la place du travail cognitif aux États-Unis

Notre analyse va démontrer comment la classe créative de Florida (2002) livre des arguments quantitatifs et qualitatifs qui justifient la thèse du développement de la dimension cognitive du travail. Cette analyse sera complétée par l'étude de Reich (1991) portant sur le rôle structurant de la classe des manipulateurs de symboles dans la compétitivité et la dynamique de l'économie américaine.

1–1 La classe créative et la thèse de la montée en puissance de la dimension cognitive du travail

R. Florida (2002) a traité la notion de la classe créative[47] et de son rôle dans l'essor économique des métropoles américaines. Ce faisant, ses travaux permettent de rendre compte de la montée de la dimension cognitive du travail dans les processus de création de valeurs. Selon l'auteur, la classe créative serait une classe sociale, dont les membres ne sont propriétaires ni du capital, ni de la force de travail, ni des moyens de production, mais de leur seule créativité. La classe créative, selon Florida, est constituée de deux catégories de travailleurs créatifs. Certains travailleurs sont complètement engagés dans un processus de création et sont payés pour être créatifs, pour créer de nouvelles technologies ou de nouvelles idées. Ce groupe inclut «*the super-creative core*» : les scientifiques, les chercheurs, les ingénieurs, les artistes, etc. D'autres professionnels sont appelés à résoudre des problèmes complexes, requérant un haut niveau de qualification et une capacité d'innovation. Ce groupe, intitulé « *the creative professional* », comprend les juristes, les médecins, les financiers, etc. Les membres de la classe créative apportent, par leur créativité, de la valeur ajoutée au produit. De même, ils partagent un certain nombre de valeurs communes comme par exemple l'individualisme et l'affirmation de soi, le mérite, la diversité et l'ouverture d'esprit (acceptation des différences culturelles et sexuelles).

47 Toutefois, la notion de classe créative n'est pas qu'une catégorie socioprofessionnelle, c'est aussi un état d'esprit. Lorsqu'il parle de classe créative, il entend toutes les formes possibles de créativité, qui interagiraient et se nourriraient les unes les autres. (Vivant, 2006).

Florida a posé l'hypothèse suivante : les villes nord-américaines les plus dynamiques au niveau économique comprendraient à la fois des entreprises innovantes et une forte communauté créative (coprésence). Pour démontrer cette hypothèse, Florida a mesuré cette coprésence à l'aide de certains indices statistiques. Le *creativity index* par exemple synthétise quatre facteurs : les emplois dans la classe créative, l'innovation (mesurée à partir du nombre de brevets déposés), les entreprises de haute technologie, la diversité socioculturelle (communautés homosexuelles, étrangères, artistes, …etc.). L'auteur s'est appuyé également sur l'indice bohémien qui mesure la géographie de bohème, c'est-à-dire la part des actifs exerçant un emploi artistique (musicien, danseur, photographe, auteur) dans la population active totale. Cette géographie de bohème est très concentrée et correspondrait également à la géographie de l'homosexualité, mesurée grâce à l'indice gay (part des ménages où deux personnes de même sexe se déclarent concubins). Selon Florida (2002), cette géographie de bohème correspond aussi à la concentration de talents (personne ayant un diplôme équivalent à bac + 4) et à la concentration d'entreprises de haute technologie. La concentration de bohème favoriserait un environnement attractif pour d'autres types de talents (comme des ingénieurs, des juristes) qui eux-mêmes attirent ou créent des entreprises innovantes. Les entreprises s'installeraient là où se trouve la main-d'œuvre créative. Finalement, la classe créative deviendrait la classe dominante par son poids numérique, économique, social et culturel. Plus qu'une économie de l'information ou de la connaissance, c'est une économie de la créativité qui émergerait. Ses outils et matériaux seraient l'information et la connaissance. Enfin, la créativité deviendrait un avantage comparatif pour les entreprises, les territoires et les individus. Sur la base de ces indices, Florida (2002) a établi différents classements. Les hiérarchies qui en résultent sont relativement similaires. L'auteur a estimé également la répartition sectorielle de l'emploi et de la valeur ajoutée pour les États-Unis en 2000 :

- le secteur industriel produit 23 % de la valeur ajoutée et emploie 26 % de la force de travail ;
- le secteur tertiaire (traditionnel) produit 30 % de la valeur ajoutée et compte 44 % des effectifs ;
- le secteur créatif (formé par la classe créative : architectes, chercheurs, ingénieurs, artistes et écrivains, managers de prestige

(haut niveau), professionnels de la santé, de la finance, du droit, etc.) représente, lui, 47 % de la valeur ajoutée et 30 % de la force de travail. Il absorbe par ailleurs environ 50 % de la rémunération de travail (Florida, 2002).

Le travail des membres de la classe créative s'inscrit donc dans une logique qui s'appuie, de façon prépondérante, sur la dimension cognitive du travail et la subjectivité des salariés, des travailleurs individuels et des professions libérales. L'objectif est de fournir des efforts intellectuels considérables, de développer des initiatives personnelles valorisées dans la mise en œuvre de projets innovants. Cette catégorie de travailleurs réagit de plus en plus aux changements de l'environnement sociétal et technologique. Par ailleurs, les pratiques individuelles continuent de dominer l'organisation du travail de la classe créative. Chaque travailleur dispose en effet d'une forte autonomie procédurale dans l'exercice de son travail. De plus, son activité s'effectue souvent sous la forme de travail individuel, non salarié. En matière de spécialisation dans le travail, le travailleur de la classe créative ressemble aux *knowledge workers*. Il se spécialise soit sur des blocs de savoir, soit sur des principes scientifiques qui se rattachent aux professions libérales. Finalement, la contribution de Florida sur la classe créative atteste de l'essor de la dimension cognitive du travail dans les processus productifs, dans les pays développés. Toutefois, cette approche est sujette à la critique, tant sur le fond que sur la méthode d'analyse.

Les limites de l'approche de la classe créative

Sur le plan méthodologique, l'auteur met en avant la coprésence de deux phénomènes : les entreprises innovantes et une forte communauté créative. Or, cette coprésence n'implique pas nécessairement un rapport de causalité entre ces deux éléments. En effet, les analyses de corrélation montrent que les régions avec de nombreux « créatifs » n'ont pas des performances très différentes des autres régions. En outre, sur le fond, malgré son intérêt, la classe créative, très proche de la catégorie des cadres et professions intellectuelles supérieures[48] utilisée dans la nomenclature française,

48 L'INSEE a établi une catégorie socioprofessionnelle « Cadres et professions intellectuelles supérieures » avec la définition suivante. « Cette catégorie regroupe des professeurs et professions scientifiques salariés qui appliquent directement des connaissances très approfondies dans les domaines des sciences exactes ou humaines, à des activités d'intérêt général de recherche, d'enseignement ou de santé. Des professionnels de l'information des arts et des

ne peut fournir qu'une vision réductrice de la place du travail cognitif et immatériel. Cette approche par catégorie d'emploi présente deux principales limites. D'une part, elle occulte la manière dont la montée de la dimension cognitive et intellectuelle du travail se manifeste dans quasiment l'ensemble des activités productives, matérielles ou immatérielles, y compris dans les phases de production directe de l'industrie et des services, comme le montre la progression généralisée des indicateurs d'autonomie dans le travail. Elle évacue par ailleurs les distorsions créées dans les statistiques de l'emploi par le phénomène du déclassement qui néglige une partie considérable du travail intellectuel en le classant dans des catégories socioprofessionnelles moins qualifiées et moins rémunérées. D'autre part, comme pour les catégories socioprofessionnelles, elle ne prend pas en compte tout ce qui échappe à la sphère du travail-emploi, évacuant de cette manière des pans entiers du travail cognitif et immatériel qui se développent en dehors du procès de travail des entreprises comme par exemple la production collaborative et les différentes formes du travail du consommateur.

Enfin, l'analyse de Florida (2002) s'inscrit dans une réflexion théorique portant sur le développement des métropoles américaines. Dans cette démarche, l'analyse traite peu des caractéristiques des modèles productifs. Elle met plutôt l'accent sur les comportements individualistes des membres de la classe créative au détriment de l'analyse des mécanismes de coordination, de contrôle et d'organisation propres aux modèles productifs.

En conclusion, nous pouvons admettre que l'analyse de la classe créative souligne bien la montée de la dimension cognitive du travail dans de nombreux métiers aux États-Unis.

1–2 Robert B. Reich (1991): *the three jobs of the future*

Pour Reich, il est nécessaire de concevoir de nouvelles catégories d'emploi si l'on veut comprendre la compétitivité des États-Unis dans l'économie mondiale contemporaine. À cet effet, Reich a

spectacles dont l'activité est liée aux arts et aux médias. Des cadres administratifs et commerciaux d'entreprise, salariés qui ont des responsabilites importantes dans la gestion des entreprises. Des ingénieurs et cadres techniques d'entreprise, salariés exerçant des fonctions de responsabilité qui nécessitent des connaissances scientifiques approfondies. ».

distingué trois nouvelles catégories de travailleurs. Les voici par secteur d'activité :

1 – Les activités et services de production ordinaires (*routine production services*) : elles englobent l'ensemble de tâches répétitives exécutées par les vieux fantassins (les ouvriers) du capitalisme américain dans les grandes entreprises. Cette catégorie inclut également des emplois ordinaires, exercés par d'autres catégories de travailleurs, notamment les managers, les contremaîtres, les supérieurs hiérarchiques et les superviseurs cléricaux. Elle peut aussi inclure dans ses rangs les chefs de section qui s'impliquent dans le contrôle du travail de subalternes. Ces derniers exercent des tâches répétitives en respectant les standards, les normes et les procédures d'exploitation. Les activités et les services de production ordinaires s'exercent dans de nombreux secteurs d'activité, notamment dans les industries manufacturières, de process, etc. Elles comprennent également d'autres activités qui reposent sur des technologies souples comme par exemple celles de la téléphonie et de l'Internet. Les activités informatiques par exemple se caractérisent par des pratiques routinières, notamment la conception des logiciels (activités *software*). Bien qu'il ait nettement baissé depuis, l'emploi dans la production ordinaire est estimé à environ un quart (25 %) des emplois exercés par les Américains, avant 1990.

2 – Les services à la personne (*in-person services*) : les services à la personne incluent également des tâches simples et répétitives. De même que pour les services de production ordinaire, les rémunérations sont déterminées en fonction des heures travaillées ou de la quantité de travail exécutée. Les travailleurs sont étroitement surveillés et n'ont pas besoin d'avoir acquis beaucoup de compétences (au maximum, un diplôme de fin d'études secondaires, ou son équivalent et un peu de formation professionnelle). La grande différence entre les services à la personne et les services de la production ordinaire réside dans le fait que les premiers correspondent à des prestations de personne à personne et ne peuvent être effectués que sur le territoire dans lequel le prestataire et le bénéficiaire résident. Or, les services de la production ordinaire peuvent être commercialisés à l'échelle locale, voire internationale. Les services à la personne impliquent un contact direct entre le prestataire du service et le bénéficiaire. La prestation s'appuie ainsi « sur trois éléments clés que l'on peut représenter visuellement sous la forme d'un triangle constitué de

trois sommets : le prestataire (P), le bénéficiaire (B) et le support (S). » (Du Tertre, 2002, p. 216). Les services à la personne peuvent être exercés par une seule personne ou en petites équipes, dans des activités comme le commerce de détail (ventes au détail), l'hôtellerie et la restauration (serveurs et des serveuses, garçons de salle, le personnel hôtelier, des portiers, des caissiers, etc.), le secteur sanitaire (travail d'infirmière, d'aide-soignante, de médecin, etc.,), le secteur éducatif ainsi que certains secteurs industriels tels que par exemple la mécanique (les mécaniciens), les transports, la sécurité, etc.

Avant 1990, les services à la personne représentaient environ 30 % des emplois exercés par les Américains et connaissaient une croissance rapide. Par exemple, à Beverly, une chaîne de clinique opérant partout dans les États-Unis employait le même nombre de travailleurs américains que la société Chrysler (115157 et 116250, respectivement). Aux États-Unis pendant les années 1980, plus de 3 millions de nouveaux emplois de travailleurs à la personne ont été créés dans le secteur de la restauration rapide, des bars et des restaurants. Cela représentait plus que le nombre total d'emplois dans les services de la production ordinaire, vers la fin de la décennie, dans les trois industries suivantes combinées (en Amérique) : l'automobile, l'industrie sidérurgique et l'industrie textile.

Dans l'ensemble, la relation de service engage les subjectivités individuelles et collectives et mobilise le jugement des salariés et celui du bénéficiaire. Elle peut se construire selon différentes configurations : des situations où l'offre est préconstruite et où le bénéficiaire est orienté vers une prestation pré-élaborée (exemple : le choix entre plusieurs formes de forfait pré-élaborées par un opérateur téléphonique) ; des situations où l'offre s'adapte à la demande spécifique du bénéficiaire selon les marges de manœuvre plus ou moins limitées (exemple : la mise en place d'un service d'aide à domicile, une intervention face à une panne) ; des situations où le service est conçu sur mesure avec le bénéficiaire pour répondre à un besoin spécifique (exemple : une prestation de conseil pour la résolution d'un problème spécifique).

3 – Les activités d'analystes symboliques ou manipulateurs de symboles (*symbolic-analytic services*) : cette catégorie de travailleurs englobe les activités d'identification et de résolution de problèmes et de négociation stratégique. Elles se développent localement et peuvent être commercialisées à l'échelle mondiale,

mais elles sont soumises à une forte concurrence étrangère. Elles ne reposent pas sur les principes standards du commerce international. Elles obéissent plutôt à des pratiques de négoce portant sur les manipulations de symboles, de données, de mots, de représentations orales et visuelles. Par ailleurs, cette catégorie comprend des travailleurs qui exercent les métiers de chercheurs, d'ingénieurs, de cadres de la fonction publique, de banquiers d'affaires et d'avocats. Elle inclut également le travail fait par des consultants de gestion, des consultants financiers, des consultants fiscaux, des consultants d'énergie, des spécialistes de l'information de gestion, des spécialistes du développement d'organisation, des planificateurs stratégiques, des chasseurs de têtes d'entreprise et des analystes de systèmes. Enfin, elle compte parmi ses rangs des publicistes et stratèges du marketing, des directeurs artistiques, des architectes, des cinéastes, des rédacteurs (éditeurs) de film, des designers de production, des éditeurs, des auteurs et rédacteurs, des créateurs, des professeurs d'université, etc.

Ces manipulateurs de symboles ont comme fonction de simplifier la réalité complexe. Cela consiste par exemple dans la manipulation des images abstraites qui peuvent être réarrangées, jonglées, expérimentées avec, communiquées à d'autres spécialistes. Les manipulations sont faites avec des outils analytiques. Ces outils peuvent être des algorithmes mathématiques, des arguments légaux, des montages financiers, des principes scientifiques, des aperçus psychologiques de la façon de persuader les choses, les systèmes d'induction ou la déduction ou les énigmes conceptuelles. Certaines manipulations consistent à proposer des méthodes originales de travail. Leur objectif est alors de réaliser une allocation optimale des ressources, d'optimiser la valeur d'un portefeuille financier, de gagner autrement du temps et l'énergie, etc. D'autres manipulations sont liées à de nouvelles inventions comme par exemple des merveilles technologiques, des arguments légaux novateurs, des nouveaux stratagèmes publicitaires pour convaincre les gens que certains amusements sont devenus des nécessités de la vie. Enfin, ces manipulations peuvent concerner les modifications de sons, de mots, d'images, qui servent à distraire leurs destinataires.

Notons que ces activités ont d'autres caractéristiques propres. Elles s'opèrent généralement en association ou en collaboration, en l'absence du patron ou du superviseur. De plus, les travailleurs du savoir n'entrent que rarement en contact direct avec la clientèle.

Leurs rémunérations peuvent varier et sont liées au temps de travail direct effectué et/ou au travail indirect qui s'effectue à l'extérieur du lieu de travail. Le revenu dépend plutôt de la qualité, de l'originalité, de l'intelligence et, parfois, de la rapidité avec laquelle ils identifient et résolvent de nouveaux problèmes. Leurs carrières ne sont pas linéaires ou hiérarchiques et sont rarement bien définies. En fait, les analystes symboliques peuvent prendre des responsabilités énormes et gérer des richesses importantes même lorsqu'ils sont jeunes. De même qu'ils peuvent perdre leur autorité et leurs revenus s'ils perdent leur capacité à innover ou à créer, même lorsqu'ils sont expérimentés.

Les analystes symboliques travaillent en solitaire ou en petites équipes pour un travail dont le résultat n'est pas connu à l'avance. Ils peuvent être liés à de plus grandes organisations, y compris le Web. Ces activités Elles sont également soumises à une évaluation rapide et critique.

En outre, la plupart des analystes symboliques ont terminé leurs études universitaires généralement avec des diplômes du 3ème cycle. La grande majorité est constituée d'hommes blancs, mais la proportion de femmes blanches grandit également. En revanche, le nombre de Noirs et d'Hispaniques reste peu significatif.

Au total, cette catégorie a représenté plus de 20 % des emplois aux États-Unis avec une forte progression depuis 1950. En effet, selon les calculs qui ont été faits par l'auteur, plus de 8 % des travailleurs américains pouvaient être classés comme des analystes symboliques au milieu du siècle dernier. Reich a noté néanmoins un ralentissement dans les années 1980, à l'exception du secteur bancaire et d'investissement, où ces travailleurs se sont développés très rapidement.

Ainsi, selon l'auteur, deux raisons poussent le travailleur américain à toujours exceller dans l'exercice de ces activités. La première raison renvoie au fait qu'aucune nation n'instruit les plus chanceux et doués de ses enfants - ses analystes symboliques futurs - aussi bien que l'Amérique. La deuxième raison tient au fait qu'aucune nation ne possède les mêmes agglomérations en matière d'analystes symboliques existants et capables d'apprendre continuellement et d'une façon informelle.

En conclusion, pour l'auteur, l'essor de la compétitivité des États-Unis est lié à la progression de la catégorie des travailleurs de savoir (les analystes symboliques), qui mobilisent, d'une manière relativement forte, leur dimension cognitive et leur subjectivité.

Dans les approches de Florida (2002) et Reich (1991), la maîtrise de la connaissance et sa mobilisation dans les nouvelles formes de travail permettent de porter en avant le degré de compétitivité d'un pays. En amont de tout cela, Reich insiste sur la nécessité d'investir dans l'éducation et la recherche qui fondent l'essor des activités des *knowledge workers*.

En outre, nous admettons le fait que ces classes de manipulateurs de symboles et de la créativité entretiennent une relation de complémentarité avec l'industrie manufacturière. En effet, elles permettent de satisfaire les besoins de l'industrie manufacturière en matière de services, notamment dans les activités en amont et en aval du processus productif. Elles peuvent également nouer des accords de partenariat avec des entreprises manufacturières. Ces accords portent généralement sur l'externalisation, la sous-traitance et notamment sur la recherche et développement afin d'innover, de mieux gérer les activités et de réduire leurs coûts.

En définitive, ce type d'approche quantitative se heurte à un certain nombre de critiques tels que par exemple :

i) Elles ne cernent pas la dimension cognitive du travail dans les aspects productifs et organisationnels des modèles productifs manufacturiers ;

ii) l'approche de Reich exclut, comme celle de Florida, le travail collaboratif et celui du consommateur ;

iii) leurs champs d'analyse se limitent à l'étude des catégories socioprofessionnelles hiérarchisées selon le degré de complexité des connaissances et des savoirs qui interviennent dans les activités de chaque catégorie.

Malgré ces limites, ces approches livrent des indicateurs qui plaident pour la montée en puissance des activités cognitives dans les processus de création de valeurs aux États-Unis. Elles ont aussi le mérite de mettre en évidence le rôle structurant de la connaissance dans les sphères productives et organisationnelles, voire dans la compétitivité internationale.

Notons enfin que cette montée en puissance de la dimension cognitive du travail, voire des activités immatérielles dans les processus postfordistes de création de valeurs a engendré des conséquences sur l'emploi en France, voire dans d'autres pays de l'OCDE. Sur la base de faits stylisés, nous tâchons de mettre en exergue les conséquences du développement des activités immatérielles dans le capitalisme postfordiste sur l'emploi notamment en France.

II – Les conséquences du développement de la division cognitive du travail sur l'emploi dans le capitalisme postfordiste : le cas de la France

Afin de montrer l'ampleur des conséquences de la montée de la dimension cognitive du travail sur l'emploi, nous allons analyser, dans une démarche macroéconomique, la structure des catégories socioprofessionnelles entre 1968 et 2007. Puis, sous l'angle microéconomique, nous clarifiant cette tendance en analysant l'évolution de l'organisation du travail chez la régie Renault entre les années soixante et la période récente.

1 – L'évolution structurelle des catégories socioprofessionnelles en France : du fordisme au capitalisme postfordiste (1968 – 2007)

Conçue par l'Insee en 1954, la nomenclature des catégories socioprofessionnelles a pour objet de classer les individus selon leur situation professionnelle en tenant compte de plusieurs critères : métier, activité économique, qualification, position hiérarchique et statut[49]. Nous choisissons d'utiliser ce concept dans le cadre de notre travail car il permet de retracer l'évolution historique des métiers dans les secteurs d'activité économique. Le tableau n° 13, ci-dessous, retrace les différentes périodes historiques de cette évolution et montre le caractère structurel de la montée de la dimension cognitive du travail.

---

49 Selon l'Insee, la nomenclature des catégories socioprofessionnelles comprenait 9 groupes qui se subdivisaient en 30 catégories socioprofessionnelles. Elle a été utilisée pour le dépouillement des recensements de 1954 à 1975, pour certaines enquêtes de consommation, mobilité sociale, mortalité, etc. Elle a également été utilisée par de nombreux autres organismes démographiques ou sociologiques. Abandonnée en 1982, cette nomenclature a été remplacée par la nomenclature des professions et catégories socioprofessionnelles (PCS), utilisée notamment pour les recensements de 1982, 1990 et 1999. **Source : www.insee.fr/fr/methodes/?page=definitions/nom-categories-socio-profes.htm**.

Tableau n° 13 : évolution de certaines catégories socioprofessionnelles en France entre 1968 et 2007

Catégories socio professionnelles	Ensemble population active : 20 439 1968	Ensemble population active : 23 525 1982	Ensemble population active : 22 233 1990	Ensemble population active : 25 628 2007				
	Effectifs (en milliers)	Structure (en %)	Effectifs (en milliers)	Structure (en %)	Effectifs (en milliers)	Structure (en %)	Effectifs (en milliers)	Structure (en %)
Artisans	623	3,05	904	3,7	827	3,72	717	2,8
Chefs d'entreprise de 10 salariés et plus	-		137	0,7	167	0,75	124	0,48
Ingénieurs, cadres techniques d'entreprise	190	0,93	383	1,6	596	2,68	1077	4,20
Cadres administratifs et commerciaux d'entreprise	451	2,2	559	2,5	708	3,18	1181	4,60
Techniciens	534	2,6	678	2,9	717	3,22	1090	4,25
Contremaîtres, agents de maîtrise	360	1,76	571	2,4	547	2,46	585	2,28
Ouvriers	7698	37,66	7749	32,9	6531	29,37	5834	22,76
Ouvriers qualifiés de type industriel	2607	12,75	1602	6,8	1473	6,62	1340	5,22

Catégories socioprofessionnelles	Ensemble population active : 20 439 1968	Ensemble population active : 23 525 1982	Ensemble population active : 22 233 1990	Ensemble population active : 25 628 2007				
Ouvriers qualifiés de type artisanal			1509	6,4	1328	5,97	1447	5,64
Ouvriers non qualifiés de type industriel	1575	7,70	2353	10,0	1712	7,70	1077	4,20
Ouvriers non qualifiés de type artisanal			1007	4,3	868	3,90	622	2,42

Sources :

1 - Le code des catégories socioprofessionnelles (1969, Pp : 65-67).

2 - Desrosières et Thévenot (1992, pp. 90-91 et Pp. 112-121).

3 - INSEE : enquête emploi en continu 2007.

À la lecture de ce tableau, nous constatons les évolutions suivantes :

L'évolution de la catégorie des artisans est relativement stable entre 1968 et 2007, malgré une légère baisse entre 1990 et 2007. En termes absolus, l'évolution de la catégorie des artisans est relativement positive entre 1968 et 2007. Elle constitue un premier indicateur quantitatif de la montée de la dimension cognitive du travail dans l'artisanat postfordiste.

La catégorie des ingénieurs et cadres techniques d'entreprise progresse significativement sur l'ensemble de la période, à la fois en termes relatifs et absolus. Cette évolution traduit une tendance à l'intellectualisation de la production. Le travail de conception occupe une position relativement centrale dans le processus de production, prenant le pas sur le travail d'exécution, qui joue un rôle de plus en plus faible.

Face à l'évolution de la catégorie des cadres administratifs et commerciaux d'entreprise, on note l'importance stratégique et croissante des activités en aval du processus productif comme par exemple le marketing, la publicité et les services associés aux produits (service après-vente). Cette progression s'inscrit dans une dynamique productive. L'immatériel et la dimension cognitive du travail montent en puissance, au détriment des activités routinières d'exécution.

L'évolution des catégories des techniciens et des contremaîtres et agents de maîtrise suit la même tendance que les catégories précédentes. Toutefois, les techniciens, contremaîtres et agents de maîtrise semblent parfois jouer un rôle moindre dans le processus de production.

En revanche, la catégorie des ouvriers a connu une évolution significativement négative en termes relatifs, comme en termes absolus. Avoisinant 38 % de l'ensemble de la population active en 1968, elle ne représente plus que 23 % de l'ensemble de la population active en 2007. Cette régression s'explique ainsi : durant la période postfordiste, les emplois requièrent de plus en plus de qualifications. Aussi, en amont, les niveaux de formation doivent être de plus en plus élevés. Cette analyse met en avant l'élévation du niveau des formations et des qualifications. Ce qui vaut également pour l'évolution de la sous-catégorie des travailleurs qualifiés. En termes absolus, elle progresse de 2 607 000 ouvriers qualifiés en 1968 à 2 787 000 ouvriers qualifiés en 2007.

En termes relatifs, la sous-catégorie des ouvriers non qualifiés évolue dans le même sens que la catégorie des ouvriers. Cependant en termes absolus, son évolution est relativement positive ; le nombre d'ouvriers passe de 1 575 000 en 1968 à 1 699 000 en 2007. Selon le principe de décomposition internationale des processus productifs (principe des avantages comparatifs), cette évolution positive peut être liée à la délocalisation des activités intensives en travail banalisé et routinier. Dans le prochain paragraphe, nous proposons une interprétation de ces constats sur l'évolution des catégories socioprofessionnelles en France.

1–1 Un essai d'interprétation des données relatives aux mutations structurelles des catégories socioprofessionnelles en France

Sur le plan général, l'évolution des catégories socioprofessionnelles témoigne de la hausse du niveau de qualification de la force de travail et de la montée du travail cognitif. Elle reflète également l'augmentation de la part du travail qualifié dans les processus productifs de l'industrie manufacturière en France après la crise du fordisme. De plus, comme le souligne Veltz (1986), le centre de gravité des qualifications se déplace vers le pôle des ingénieurs et des techniciens. Ce déplacement peut être interprété comme le résultat d'une combinaison d'un certain nombre de facteurs comme par exemple l'élévation du niveau des formations, la hausse des qualifications des travailleurs et les effets mécaniques de l'automatisation. Les phases de fabrication directe perdent de l'importance par rapport aux phases de définition, de test, de marketing, de commercialisation des produits, ainsi que d'organisation des processus de production-distribution. Selon l'auteur, les changements observés dans l'industrie manufacturière sont bien l'amorce d'une discontinuité croissante entre les technologies, les pratiques et les normes de représentation et de gestion issues d'un siècle de mécanisation. La réadaptation de ces normes se fait de manière diffuse, expérimentale, « par le bas ». Mais à terme, elle doit déboucher sur de nouvelles configurations d'ensemble, porteuses en particulier de formes nouvelles de segmentations des fonctions, de nouveaux rapports entre l'intégration des phases de conception, production, distribution des produits, et leur découpage social et territorial.

Nous constatons par ailleurs un recul du nombre des ouvriers, généralement chargés du travail d'exécution dans l'industrie fordiste de la production de masse. Ce recul reflète l'importance croissante des productions intensives en capital dans le tissu industriel postfordiste français. Il s'apparente à la transformation de l'appareil productif, qui a progressivement abandonné les principes de mécanisation et de la division technique du travail au profit de l'automatisation et de l'intellectualisation des processus productifs. Le travail ouvrier lui-même devient un travail de plus en plus indirect de surveillance de l'appareil de production et de traitement de l'information. Pour Lojkine (1992), le travail de l'ouvrier consiste essentiellement à traiter de l'information. En ce sens, il est proche du travail immatériel réalisé par les ingénieurs et les chercheurs en amont du processus de production. Dans son raisonnement, Lojkine (*ibid.*) admet que la machine ne doit plus être considérée comme un instrument de domination et de remplacement, mais comme un prolongement des possibilités humaines. Dans l'ensemble, cette évolution traduit, selon l'auteur, une mutation tendancielle du contenu du travail. Les frontières

traditionnelles entre le travail intellectuel et le travail manuel s'effacent progressivement. La distinction classique entre travail manuel et travail intellectuel tend de plus en plus à s'estomper. Il n'y a plus d'opposition entre les cols blancs et les cols bleus, le travail productif de plus-value et le travail non productif, non plus qu'entre les cadres et les ouvriers. Néanmoins, une nouvelle organisation du travail émerge. Dans ce nouveau système, l'automation et l'informatisation dans certains secteurs clés, tels que par exemple la chimie, l'industrie de transformation et l'industrie manufacturière, contribuent au rapprochement entre travail matériel et travail intellectuel, production et services.
De même que le recul de la catégorie du travail non qualifié signifie que les processus productifs postfordistes en France sont relativement intensifs en travail qualifié. La délocalisation des productions traditionnelles intensives en travail non qualifié comme par exemple le textile et l'habillement vers les pays à main-d'œuvre bon marché est une explication possible, mais non suffisante. En effet, comme le souligne Mouhoud (2008), seul un tiers de la destruction d'emploi dans l'industrie dépend des délocalisations. Plus précisément, environ 95 000 emplois industriels auraient été supprimés en France et délocalisés à l'étranger entre 1995 et 2001, soit en moyenne 13 500 chaque année (Aubert et Saillard, 2005). Les autres pertes d'emplois dépendraient de l'innovation et de la complexification technologique de la production. Tout en augmentant l'intensité capitalistique, celles-ci élèvent le niveau des qualifications et des compétences des travailleurs.
En définitive, l'évolution de certaines catégories socioprofessionnelles en France entre 1968 et 2007 témoigne de la montée du travail qualifié et du recul de la place du travail non qualifié dans les activités économiques. Toutefois, malgré la richesse de ses données, l'analyse de l'évolution des catégories socioprofessionnelles présente un certain nombre de limites.

1 – 2 Les limites de l'analyse en termes d'évolution des catégories socioprofessionnelles

L'analyse en matière d'évolution des catégories socioprofessionnelles ne permet pas de cerner la réalité des modèles productifs. Elle ne donne pas d'indices relatifs à l'organisation du travail et aux modalités concrètes de diffusion des nouvelles formes d'organisation du travail. En outre, l'évolution

des catégories socioprofessionnelles ne prend en compte que la structure des emplois. De fait, elle néglige des pans entiers du travail cognitif qui se développent à l'extérieur des entreprises. C'est le cas par exemple des communautés du logiciel libre ou plus généralement, de ce que l'on appelle « l'économie de la collaboration ». Dans cette « économie de la collaboration », les clients peuvent prendre part activement et en continu à la création de produits. Dans ce cadre, « les utilisateurs s'organisent pour participer à la création de produits qu'ils utilisent eux-mêmes, en formant des communautés de « conso-acteurs » ou de « prosommateurs » où ils partagent l'information, échangent et développent des outils et des méthodes ainsi que de nouvelles conceptions du produit. » (Lambin, 2011, p. 225).
Par définition, ces activités ne sont pas prises en compte dans la classification des métiers selon les catégories socioprofessionnelles. Dans le même registre, l'évolution des catégories socioprofessionnelles exclut de sa classification l'économie à but non lucratif. Or, cette économie participe également à la création de valeurs, mais son ampleur et son rôle dans l'activité économique sont mal connues et sous-estimés.
Il en va de même pour le travail du consommateur dans ses différentes variantes. Des tâches simples, relevant auparavant du travail marchand, sont aujourd'hui externalisées : faire de la saisie, adapter sa demande à l'offre, faire de la distribution et de la production (le self-service et l'optimisation des flux) et de l'après-vente (réparer les pannes, gérer les aléas techniques et commerciaux). Ainsi, « le travail du consommateur produit de la valeur pour l'entreprise et remplace partiellement le travail que faisaient des professionnels. » (Dujarier. 2006, p. 21). Toutefois, ce travail du consommateur ne figure pas dans la nomenclature des catégories socioprofessionnelles. La deuxième forme de travail du consommateur repose, elle, sur la captation des productions bénévoles par les entreprises. Avec les bornes libre-service des gares SNCF, les consommateurs s'impliquent pleinement dans la coproduction. De même que le respect des prescriptions opérationnelles écrites sur des supports et affichées sur des murs d'entreprises s'inscrit dans cette tendance. Chez McDonald's, le consommateur participe à la coproduction lorsqu'il suit à la lettre les instructions des pancartes, qui l'incitent à commander son menu et à le régler par carte bancaire sur une borne libre-service à l'intérieur du restaurant. Certaines entreprises de services, comme

la Banque postale en France, développent ce principe de coproduction du consommateur. Des bornes sont ainsi mises à disposition des clients qui souhaitent envoyer un courrier recommandé. Ce faisant, le client participe à la création de valeurs, mais celle-ci est accaparée dans sa totalité par la Banque postale. On retrouve également ces pratiques dans le secteur de la téléphonie à carte prépayée. L'usager suit une série de recommandations écrites pour effectuer un appel téléphonique. Encore une fois, il participe à la coproduction du service dont le profit est accaparé entièrement par l'opérateur.
Le même raisonnement s'applique à la délégation du travail au consommateur. Par exemple, certains informaticiens interviennent bénévolement dans l'amélioration des fonctionnalités de logiciels libres, ensuite gratuitement exploitées par des entreprises dans le cadre de leurs activités. Dans ce cas précis, le consommateur identifie les contradictions qui subsistent au sein d'un programme informatique ou d'un logiciel et offre à des firmes une solution alternative potentiellement efficace. La valeur créée par le consommateur est donc captée par les firmes. Il en est de même du travail bénévole qui se développe dans les réseaux associatifs. Ces réseaux constituent souvent autant de véritables communautés d'échange, de production de savoir, d'expertise citoyenne. Ici encore, des entreprises peuvent capter le travail des bénévoles pour l'exploiter dans leurs processus de création de valeurs. Enfin, l'analyse de l'évolution des catégories socioprofessionnelles ne cerne pas les aspects fondamentaux des modèles postfordistes notamment leurs modalités productives et organisationnelles. L'analyse de l'évolution structurelle de l'organisation du travail chez la régie Renault, entre les années 1960 et la période récente, apporte des indices empiriques qui permettent de dépasser ses limites. En effet, ces indices, comme nous le verrons, confirment cette tendance à la montée de la dimension cognitive du travail dans les processus de création de valeurs postfordistes.

2 – L'évolution structurelle de l'organisation du travail entre les années soixante et la période récente chez Renault

L'organisation du travail dans l'industrie automobile, notamment dans le cas du groupe Renault a évolué d'une manière structurelle. Les principes routiniers, qui ont caractérisé le travail à la chaîne d'assemblage de véhicules, laissent la place à une nouvelle organisation du travail, fondée sur l'incorporation de nouveaux principes intensifs en connaissance.

Notre travail traite plus particulièrement des modalités concrètes d'application du travail à la chaîne dans les usines de la régie Renault durant la période des Trente Glorieuses. Nous mobilisons des données empiriques sur l'évolution structurelle de la catégorie socioprofessionnelle des ouvriers. Ce qui nous permet de justifier le rôle dominant des principes de la division technique au sein des ateliers du constructeur automobile.

Ensuite, nous expliquons les facteurs à l'origine de la déstructuration des fondements de la division technique du travail au sein de l'entreprise. Pour ce faire, nous déclinons les nouvelles orientations stratégiques du groupe, notamment en matière de mutation technologique et de productivité. Sur cette base, il convient enfin de démontrer comment Renault a pu gérer cette crise en optant notamment sur le plan organisationnel à la mise en application de nouveaux dispositifs organisationnels mieux adaptés à l'environnement économique postfordiste.

2 – 1 La primauté des principes de la division technique dans l'organisation productive des usines Renault durant les Trente Glorieuses

Durant les Trente Glorieuses l'industrie automobile française applique de façon massive les modalités pratiques de la division technique du travail. Les ouvriers se spécialisent dans l'exécution de tâches précises et routinières sur des chaînes d'assemblage mécanisées[50]. Les cadences sont infernales et l'emplacement des ouvriers sur les postes est fixe. Les syndicats attirent fortement la classe ouvrière de Renault. Des accords se nouent avec la direction,

50 Les usines de Billancourt ont été parmi les premières à experimenter la production en série, le chronométrage, l'interchangeabilité et la production de masse, ce qui a permis d'introduire le travail à la chaîne. Le mode de production fordiste apparaît bien que Renault connaît des difficultés et reste perplexe face au contraste entre la production de masse des États-Unis et celle de la France dans le secteur industriel de l'automobile. Louis Renault décide alors de faire un voyage en avril 1911 aux États-Unis afin d'observer le phénomène américain. La principale découverte de ce voyage est la production de masse sans chaîne (Renault, tout en ayant des difficultés, est légèrement en avance sur les États-Unis) car la ligne mobile est encore inexistante dans l'industrie automobile américaine. Dès lors, une réorganisation du travail se mettra en place concernant les machines-outils dans certains ateliers. **Source : www.Renault.com**

afin de compenser les contraintes de l'organisation taylorienne par des avantages sociaux tels que, par exemple, les congés, les primes et les rémunérations. Ces accords servent également de modèle expérimental aux conditions de travail qui se négocient alors dans d'autres secteurs public et privé. Enfin, cette organisation est hiérarchisée : l'encadrement et la direction ont pour mission de contrôler intégralement le processus de production. La division technique du travail s'impose, car Renault mise sur l'augmentation continue de ses volumes de production. L'importance de cette forme organisationnelle chez Renault s'explique notamment par le fait que la classe ouvrière est relativement majoritaire en matière d'effectifs au sein de l'entreprise entre 1955 et 1975 (voir tableau ci-dessous). En effet, sur l'ensemble de cette période, la proportion moyenne de la classe ouvrière est de 74.72 % de l'effectif global de l'entreprise. Le travail direct d'exécution a ainsi pris une importance capitale dans le processus productif. Par conséquent, les principes de la division technique priment au cours de cette période dans l'organisation du travail. Par ailleurs, sur la même période, les ingénieurs et les cadres des usines Renault représentent entre 2.82 % et 3.82 % de l'ensemble des effectifs. D'après ces chiffres, la création de valeurs s'opère donc globalement dans la phase d'exécution. Le travail des cadres et des ingénieurs apparaît moindre dans le processus de fabrication de véhicules de marque Renault.

En définitive, l'évolution structurelle des catégories ouvrières et cadres de la régie Renault entre 1955 et 1975 montre une corrélation positive entre la diffusion des principes de la division technique du travail et la part de la classe ouvrière. Toutefois, l'organisation du travail taylorienne de Renault est dépourvue de certains dispositifs organisationnels tels que par exemple la polyvalence et/ou la rotation des tâches, l'autonomie dans le travail d'exécution, le travail en équipes, la communication dans le travail, etc. Or, ces dispositifs sont significativement très proches en matière de contenu des principes de la division cognitive du travail. Ainsi, ces dispositifs organisationnels relativement nouveaux vont être appliqués progressivement dans l'organisation des usines Renault notamment après la crise du fordisme.

Tableau n° 14 : l'évolution structurelle des effectifs de Renault (maison mère) en trois catégories socioprofessionnelles : ouvriers, ETAM et cadres, au 31.12, de 1955 à 2010.

Année	O/AP	ETM	IC	Total
1955	40209	10555	1 471	52 235
1 956	44 672	11187	1 608	57 467
1 957	45 473	11817	1 691	58 981
1 958	46 948	13278	1 784	62 010
1 959	49 602	14098	1 957	65 657
1 960	45 085	14254	2 093	61 432
1 961	42 881	13307	2 125	58 313
1 962	49 514	13411	2 111	65 036
1 963	47 563	13730	2 282	63 575
1 964	42 988	13583	2 328	58 899
1 965	46 814	13 733	2 355	62 902
1 966	49 406	14 340	2 425	66 171
1 967	49 750	14 667	2 465	66 882
1 968	57 987	15 492	2 584	76 063
1 969	65 832	17 688	2 824	86 344
1 970	70 913	19 599	3 160	93 672
1 971	70 786	20 344	3 205	94 335
1 972	71 273	21 045	3 342	95 660
1 973	70 371	23 575	3 572	97 518
1 974	71 415	25 284	3 778	100 477
1 975	72 983	26 175	3 939	103 097
1 976	78 528	27 636	4 242	110 406
1 977	76 552	28 714	4 578	109 844
1 978	74 735	29 136	4 715	108 586
1 979	72 817	29 254	4 669	106 740
1 980	71 070	29 402	4 847	105 319
1 981	68 811	29 718	5 084	103 613
1 982	67 939	30 592	5 228	103 759
1 983	65 801	31 434	5 293	102 528
1 984	61 633	31 086	5 139	97 858
1 985	53 173	28 090	4 859	86 122

1 986	47 595	27 077	4 519	79 191
1 987	44 668	26 622	4 621	75 911
1 988	41 079	26 004	4 815	71 898
1 989	38 865	26 494	5 361	70 720
1 990	36 386	26 585	5 742	68 713
1 991	32 371	25 505	5 768	63 644
1 992	29 804	25 390	5 881	61 075
1 993	28 805	25 547	6 256	60 608
1 994	26 510	25 303	6 533	58 346
1 995	26 685	25 654	6 975	59 314
1 996	25 621	25 632	7 275	58 528
1 997	21 941	19 152	6 680	47 773
1 998	20 670	18 426	6 662	45 758
1 999	19 744	17 706	7 134	44 584
2 000	19 678	17 612	8 113	45 403
2 001	18 009	17 613	8 804	44 426
2 002	17 456	17 330	9 007	43 793
2 003	16 984	17 037	9 490	43 511
2 004	16 500	16 707	10 133	43 340
2 005	16 226	16 426	10 889	43 541
2 006	15 422	15 930	11 017	42 918
2 007	15 402	15 541	10 890	41 833
2 008	14 418	15 331	11 084	40 833
2 009	13 505	13 710	10 319	37 434
2 010	11 854	13 253	10 244	36 277

Source : Renault, Annuaires statistiques, Bilans du personnel, Bilans sociaux. Elaboration : M. Freyssenet, 1998, 2007 et mise à jour.

Tableau n° 15 : l'évolution structurelle en pourcentage des salariés de Renault (maison mère).

Année	O/AP	ETAM	IC	Total
1 955	76,98	20,21	2,82	100,00
1 956	77,74	19,47	2,80	100,00
1 957	77,10	20,04	2,87	100,00
1 958	75,71	21,41	2,88	100,00
1 959	75,55	21,47	2,98	100,00
1 960	73,39	23,20	3,41	100,00
1 961	73,54	22,82	3,64	100,00
1 962	76,13	20,62	3,25	100,00
1 963	74,81	21,60	3,59	100,00
1 964	72,99	23,06	3,95	100,00
1 965	74,42	21,83	3,74	100,00
1 966	74,66	21,67	3,66	100,00
1 967	74,38	21,93	3,69	100,00
1 968	76,24	20,37	3,40	100,00
1 969	76,24	20,49	3,27	100,00
1 970	75,70	20,92	3,37	100,00
1 971	75,04	21,57	3,40	100,00
1 972	74,51	22,00	3,49	100,00
1 973	72,16	24,18	3,66	100,00
1 974	71,08	25,16	3,76	100,00
1 975	70,79	25,39	3,82	100,00
1 976	71,13	25,03	3,84	100,00
1 977	69,69	26,14	4,17	100,00
1 978	68,83	26,83	4,34	100,00
1 979	68,22	27,41	4,37	100,00
1 980	67,48	27,92	4,60	100,00
1 981	66,41	28,68	4,91	100,00
1 982	65,48	29,48	5,04	100,00
1 983	65,48	29,48	5,04	100,00
1 984	64,18	30,66	5,16	100,00
1 985	62,98	31,77	5,25	100,00
1 986	61,74	32,62	5,64	100,00

1 987	60,10	34,19	5,71	100,00
1 988	58,84	35,07	6,09	100,00
1 989	57,14	36,17	6,70	100,00
1 990	54,96	37,46	7,58	100,00
1 991	52,95	38,69	8,36	100,00
1 992	50,86	40,07	9,06	100,00
1 993	48,80	41,57	9,63	100,00
1 994	47,53	42,15	10,32	100,00
1 995	45,44	43,37	11,20	100,00
1 996	44,99	43,25	11,76	100,00
1 997	43,78	43,79	12,43	100,00
1 998	45,93	40,09	13,98	100,00
1 999	45,17	40,27	14,56	100,00
2 000	44,28	39,71	16,00	100,00
2 001	43,34	38,79	17,87	100,00
2 002	40,54	39,65	19,82	100,00
2 003	39,86	39,57	20,57	100,00
2 004	39,03	39,16	21,81	100,00
2 005	38,07	38,55	23,38	100,00
2 006	37,27	37,73	25,01	100,00
2 007	35,93	37,12	25,67	100,00
2 008	36,82	37,15	26,03	100,00
2 009	35,40	37,55	27,14	100,00
2 010	35,80	36,60	27,60	100,00

Sources: Renault, Annuaires statistiques, Bilans du personnel, Bilans sociaux. Elaboration : M. Freyssenet, 1998, 2007 et mise à jour.

Notes : Ouvriers/APR (Agents Productifs Renault). Ils comprennent les ouvriers non professionnels (Manœuvres, Gardiens, Ouvriers spécialisés ou Agents Productifs), les Ouvriers professionnels et les Apprentis. ETAM : Employés, Techniciens, Agents de Maîtrise. Ils comprennent outre ces catégories les Agents Techniques Professionnels, les Régleurs Hors-Catégorie et les Dessinateurs. IC : Ingénieurs et Cadres.

2–2 La crise des années 1970 : remise en cause de la logique taylorienne et avènement de nouvelles orientations stratégiques chez Renault

À la fin des années 1970, le marché de l'automobile est saturé, car la demande intérieure avait atteint son point culminant. De même que la concurrence internationale est de plus en plus forte. Face à cette situation, Renault et l'ensemble de l'industrie automobile sont contraints d'abandonner les stratégies fondées sur les coûts de production au profit d'une stratégie productive basée sur la qualité des produits. L'objectif de cette nouvelle stratégie est d'adapter l'offre de véhicules automobiles aux besoins des consommateurs et aux défis de l'environnement. Pour ce faire, Renault a engagé la modernisation de sa technologie[51] productive. Le groupe a investi notamment dans des processus d'automatisation[52] et d'application des principes du travail en groupe. Les investissements de capacité, caractéristiques de la période des Trente Glorieuses, sont délaissés. La nouvelle logique de Renault est une logique de productivité et de flexibilité. Il apparaît nécessaire de réduire les effectifs afin de propulser l'industrie automobile à un niveau de productivité proche de celui de ses concurrents. Cette nouvelle logique a permis également de renouveler la main-d'œuvre des Trente Glorieuses, jusque-là incapable de s'adapter aux mutations sectorielles. Les données relatives à l'évolution des effectifs de Renault ont illustré cette tendance. En effet, entre 1975 et 2000, la catégorie des ouvriers a baissé d'environ un quart. De même que l'effectif global a baissé d'environ 44 %.

En outre, ces mutations ont engendré la nécessité de transformer le contenu du travail, notamment celui des ouvriers. Sur leurs postes de travail, les ouvriers ne se contentent plus d'exécuter le geste qu'ils apprenaient à la hâte pour le répéter durant toute leur carrière professionnelle. Désormais, ils ont acquis une certaine liberté et leurs tâches consistent à gérer les temps et les flux de production.

---

51 Le nombre de technologies envisagées par le constructeur automobile, telles que le carbone, les composites, la visualisation des données, le freinage électrique, les fibres optiques, les batteries électriques, etc., sont d'usage courant dans l'industrie automobile, nécessitant la mobilisation des blocs de savoir et des compétences spécifiques adéquates à ces nouvelles technologies.

52 La mise en œuvre de l'automatisation, tout en supprimant certaines opérations astreignantes, incorpore dans la machine une part croissante de l'expérience par les tâches de fabrication.

Toutefois, le travail à la chaîne n'est pas abandonné. Il est resté omniprésent sur les lignes de finition, là où mètre après mètre, la voiture se pare de ses différents équipements. De plus que cette transformation du travail ouvrier s'est appuyée sur un effort sans précédent en matière de politique de formation et d'apprentissage. Des indicateurs de pilotage commun à l'ensemble des usines ont permis le suivi de cette politique : taux d'accès à la formation, pourcentage des dépenses totales de la formation par rapport à la masse salariale et moyenne des heures de formation dispensées par personne.

En définitive, avec l'automatisation des ateliers de production chez Renault et les transformations du contenu de travail des ouvriers, une nouvelle logique s'est émergé. Celle-ci a mobilisé de nouveaux dispositifs organisationnels tels que par exemple la polyvalence, le travail en équipe, l'autonomie et la communication dans le travail, etc. Ces indicateurs organisationnels se sont combinés efficacement avec les principes tayloriens. Ces transformations ont favorisé le rapprochement qualitatif entre les tâches de conception et d'exécution et une montée significative des activités amont et aval dans le processus productif de montage des véhicules chez Renault.

2–3 La mutation de l'organisation du travail de Renault : affirmation des principes de la division cognitive du travail

La crise des années 1970 a engendré une désaffection vis-à-vis du travail industriel et son organisation. Les dirigeants de Renault se sont inspirés alors explicitement de l'expérience japonaise. Bien que d'autres considérations et impératifs sont venus conforter et justifier ce choix, ils ont adopté les principes de la *lean production* afin d'enrichir le travail et d'offrir une carrière professionnelle à la classe ouvrière. Face à ces dysfonctionnements organisationnels générés par cette crise, les usines Renault ont mis en place le système « juste-à-temps ».

Progressivement, se met en place une organisation du travail qui combine les principes de la division technique et les principes de la division cognitive du travail. Cette nouvelle forme organisationnelle présente des ruptures majeures par rapport aux principes tayloriens qui ont été appliqués sur les chaînes de montage de l'entreprise durant les Trente Glorieuses. D'une manière générale, la main-d'œuvre des trente glorieuses s'est reconvertie dans l'exécution de tâches moins routinières et

devenue, progressivement, polyvalente et apte à gérer les flux de production et ses aléas.
Plus précisément, cette nouvelle organisation peut être caractérisée par les traits suivants : le principe de polyvalence reflète la maîtrise du processus de production par les ouvriers. Devenue systématique, cette pratique permet aux ouvriers de monter dans l'échelle des classifications et à l'entreprise de disposer à tout moment de remplaçants. Cette polyvalence a servi également de base au développement du travail en groupe au sein de l'entreprise. Ainsi, Renault a certainement été l'entreprise la plus avancée en France en ce qui concerne le travail en groupe.
Dans le courant de l'année 1991, elle a décidé de généraliser le travail en groupe sous la forme « d'Unités élémentaires de Travail ». Fin 1994, ses 27 sites industriels européens, aussi bien les ateliers de fabrication que les services et les bureaux[53], sont organisés selon ce mode. Plus flexibles et plus efficaces, ces unités permettent d'obtenir une plus grande qualité des produits. Les ouvriers exécutent des tâches moins répétitives et les qualifications exigées sont plus importantes. Le pouvoir est délégué au sein des unités, ce qui responsabilise la classe ouvrière.
Concernant l'autonomie dans le travail, le salarié, au sein d'une UET, dispose d'une certaine autonomie procédurale pour optimiser la production de son l'atelier. Il analyse avec ses collègues les problèmes qui peuvent apparaître lors du montage de véhicules. Les décisions sont prises collectivement sous l'animation d'un chef d'équipe. Les salariés sont d'autant plus motivés que leurs suggestions sont prises en compte par la direction. Cette situation a permis de créer une forme de reconnaissance du travail accompli. En outre, à l'instar des chaînes de montage, ces unités de travail permettent également de réduire le nombre de postes. Le nombre d'échelons hiérarchiques diminue également. Ces transformations

53 Pour plus de détails relatifs aux données voir M. Freyssenet (2007). **Source : www.freyssenet.com**

ont également engendré le développement de la communication dans le travail.

Désormais, la communication dans le travail s'opère horizontalement par la coordination entre les salariés d'une même unité. Elle porte sur les échanges de données, l'entraide et les externalités positives qui résultent de l'expérience et des compétences des membres d'un même groupe. Elle est enfin complétée par la circulation de l'information entre les unités de travail. L'organisation verticale de la communication repose sur la mobilisation de supports de transmission (les technologies de l'information) ou sur des échanges et des conversations directes entre la direction et les ouvriers d'ateliers.

Enfin, en ce qui concerne le rapport des ouvriers au système de machines, son évolution a été significativement positive. Il convient de noter que les ouvriers maîtrisent parfaitement l'usage et le fonctionnement des machines de production. Cela reflète également la hausse du niveau de formation et des qualifications de la main-d'œuvre.

En définitive, cette caractérisation de l'organisation du travail postfordiste chez Renault illustre plusieurs ruptures par rapport à la période fordiste. Tout d'abord, la période récente est marquée par l'enrichissement du contenu du travail d'exécution et par la prépondérance des principes cognitifs dans l'organisation du travail. Ce développement de la dimension cognitive du travail s'explique notamment par la montée des activités amont et aval dans le processus productif du constructeur automobile. Les cadres et ETAM chez Renault, dont la proportion double entre 1975 et 2010, mobilisent systématiquement des connaissances et compétences variées. Celles-ci se rattachent aux nouveaux aspects productifs, environnementaux et managériaux de l'industrie automobile. En outre, les travailleurs s'orientent vers d'autres fonctions dictées par la stratégie globale de l'entreprise.

En effet, ils sont à l'avant-garde de l'innovation : ils appliquent des méthodes qui consistent à associer l'ensemble du personnel à des démarches d'innovation participative ; ils ont également pour mission d'ancrer ces démarches d'innovation dans la culture d'entreprise du groupe Renault en créant des conditions favorables au développement de la motivation. L'objectif espéré est qu'un plus grand nombre de salariés prennent des initiatives, inventent et mettent en place de nouvelles solutions. Ils favorisent également la reconnaissance de la performance en matière d'esprit d'initiative, de créativité et de responsabilisation ; ils sont aussi appelés à renforcer l'image de la marque Renault en mettant en œuvre des stratégies marketing dont le but est de se rapprocher au plus près de l'adéquation entre l'offre et la demande ; ils se chargent, en outre, des tâches administratives et de la gestion des réseaux fournisseurs et clientèle.

En définitive, leur travail permet de mesurer la place qu'occupent les activités en amont et en aval dans l'ensemble de la chaîne de production automobile. L'évolution structurelle des effectifs de R&D du groupe Renault entre 2005 et 2010 illustre également l'importance des activités amont dans le processus de production. Ces données soutiennent la thèse de la montée en puissance de la dimension cognitive du travail dans l'industrie manufacturière en France.

Tableau n° 16 : la R&D du Groupe Renault en chiffres entre 2005 et 2010

	2005	**2006**	**2007**	**2008**	**2009**	**2010**
Frais de R&D *(en millions d'euros)*	2 264	2400	2 462	2 235	1 643	1 728
Effectifs R&D Groupe	12 939	15 658	16 219	17 775	17 881	17 854
Brevets Groupe	885	933	998	793	362	304
Effectifs R&D en % de l'effectif total du groupe	10.22 %	12.14 %	12.45 %	13.77 %	14.72 %	14.56 %

Sources : Atlas Renault 2010, 2009 et Renault.com

Toutefois, la montée des activités en amont et en aval du processus productif chez Renault a engendré un certain nombre de conséquences. En effet, la part des ouvriers a diminué de plus de la moitié entre 1975 et 2010, passant de 70.79 % à 35.10 %. Cette baisse significative reflète la tendance lourde à l'intellectualisation du processus productif et à l'enrichissement du contenu de travail. En conclusion, nous pouvons donc affirmer que l'évolution structurelle de l'organisation du travail dans les usines Renault entre la période fordiste et la période actuelle, livre des indicateurs empiriques qui plaident pour la montée en puissance des principes de la division cognitive du travail dans l'organisation de l'industrie manufacturière française.

Conclusion du second chapitre

L'analyse du second chapitre a permis de dégager des indicateurs quantitatifs plaidant pour la montée de la dimension cognitive du travail dans les processus productifs postfordistes. Sur la base des faits stylisés, nous avons également illustré les conséquences socioéconomiques de cette nouvelle tendance organisationnelle sur l'activité et l'emploi en France et dans certains pays de l'OCDE.

En effet, les études et les travaux de la Dares ont souligné l'émergence de nouveaux dispositifs organisationnels et productifs dans l'industrie française. Ces dispositifs se caractérisent notamment par l'usage significatif des TIC dans les processus productifs, l'élévation du niveau des formations et des qualifications des travailleurs, la flexibilité et par une forte mobilisation de la subjectivité ouvrière dans le procès du travail. Ces dispositifs reflètent également des transformations majeures dans le contenu et la nature des activités.

De même que les travaux de Florida (2002) et Reich (1993), ont livré de nombreux indicateurs qui témoignent de la montée en puissance de la dimension cognitive du travail dans les processus de création de valeurs et dans l'organisation du travail aux États-Unis.

Ainsi, ces faits stylisés ont traduit aussi l'avènement d'une nouvelle tendance à l'intellectualisation et à la hausse de la part des activités immatérielles dans les processus de création de valeurs.

En outre, l'analyse de l'évolution structurelle des catégories socioprofessionnelles en France a mis en exergue le déplacement de la structure des emplois vers une proportion croissante d'ingénieurs, de techniciens et de cadres, au détriment de la catégorie des ouvriers. Ce déplacement s'est opéré, d'une manière générale, dans toutes les branches d'activité. Il est le résultat des effets mécaniques de l'automatisation, de l'élévation du niveau des qualifications et de l'importance croissante de la phase de fabrication par rapport à la phase de conception au sein des processus productifs. Il en va de même pour la mutation des activités productives chez la régie Renault entre 1955 et 2010, qui ont été caractérisées par une baisse significative du nombre d'ouvriers et une hausse relativement forte du nombre de cadres et d'ingénieurs.

Conclusion de la seconde partie

Dans la seconde partie de l'ouvrage, nous avons pu mettre en évidence les principaux facteurs à l'origine de la montée en puissance de la dimension cognitive du travail dans les processus postfordistes de création de valeurs. Sur cette base, nous avons également mis en exergue la centralité de la connaissance notamment dans les activités situées au cœur du processus de création de valeurs.

En outre, à l'aide de faits stylisés, nous avons dégagé les conséquences socioéconomiques de cette nouvelle tendance organisationnelle sur l'activité et l'emploi en France et dans certains pays de l'OCDE. En ce qui concerne l'activité économique, nous avons abouti aux résultats suivants :

i) les faits stylisés que nous avons mobilisés dans notre travail, ont mis l'accent sur l'intellectualisation des processus productifs et la diffusion de nouveaux dispositifs organisationnels, reflets du développement de la division cognitive du travail ;

ii) le travail matériel dominant durant le fordisme est relayé par le travail immatériel qui gagne du terrain dans les processus postfordistes de création de valeurs.

Sur le plan de l'emploi, nous avons souligné le passage des tâches « routinières déqualifiées » vers des tâches « qualifiées » au sein des processus productifs. L'exécution de ces nouvelles tâches s'opère par une force de travail de plus en plus compétente. Cette main-d'œuvre mobilise sa subjectivité dans les différentes situations du travail et se spécialise sur les blocs de savoir.

CONCLUSION GÉNÉRALE

L'objet de notre livre portait sur la caractérisation du concept de division cognitive du travail et l'élaboration de son modèle idéal-type par une approche combinant théorie et histoire. Il visait en même temps de cerner les facteurs à l'origine de la montée des principes de la division cognitive du travail dans les processus postfordistes de création de valeurs et de dégager les conséquences socioéconomiques de cette nouvelle tendance organisationnelle sur l'activité et l'emploi en France et dans certains pays de l'OCDE.
Pour ce faire, nous avons exploré, dans la première partie du livre, de nombreuses contributions théoriques et empiriques portant sur le concept de division cognitive du travail. Dans ce registre, nous avons repensé sa dimension historique et ses modalités de diffusion dans le temps et dans l'espace. Nous avons également montré que la production postfordiste de petite et moyenne séries s'organise, en grande partie, grâce à des dispositifs organisationnels très proches des principes de la division cognitive du travail. Sur ces bases, nous avons aussi déduit le modèle idéal-type de la division cognitive du travail par une approche comparative qui oppose les principes des divisions techniques et cognitives du travail. Nous avons tenu compte du fait que la division cognitive n'existe pas à l'état pur et se diffuse selon des modalités distinctes dans le temps et dans l'espace. Une revue de la littérature portant sur ce concept de division cognitive du travail nous a permis de repérer la diversité des modalités de sa diffusion et de discuter de leurs principaux traits. Ainsi, au final, nous avons pu proposer une définition appropriée de la division cognitive du travail, tenant compte de ses différentes caractéristiques théoriques et empiriques.
Dans la seconde partie du livre, nous avons exploré les principaux facteurs à l'origine de la montée en puissance de la dimension cognitive du travail dans les activités postfordistes situées au cœur du processus de création de valeurs. Plus précisément, nous avons distingué une combinaison de trois types de facteurs :
i) les facteurs extra-industriels qui peuvent être incarnés par les éléments suivants : la montée en puissance des activités de service dans l'activité économique l'intensification de l'effort de l'innovation, l'essor des TIC, la mondialisation et délocalisation du travail déqualifié ;
ii) les mutations et l'essor des industries de luxe, de l'informatique de la pharmacie ;

iii) les mutations internes aux industries motrices du fordisme.

Nous avons aussi mis en évidence, sur la base de faits stylisés, les conséquences socioéconomiques qui ont été engendrées par cette montée de la dimension cognitive du travail sur l'activité et l'emploi en France et dans certains pays de l'OCDE. Nous avons synthétisé ses conséquences socioéconomiques en deux points :

i) les conséquences sur l'activité économique : en France, les travaux de la DARES sur les entreprises industrielles ont montré la hausse des activités cognitives dans les activités situées au cœur des processus de création de valeurs. Cette évolution peut être interprétée, selon nous, comme une intellectualisation relativement progressive des processus productifs. Dans certains pays de l'OCDE, d'autres tendances plus générales ont confirmé nos conclusions relatives au cas français. C'est le cas notamment des travaux de Reich et Florida qui ont décrit l'émergence de nouvelles classes de travailleurs de savoir aux États-Unis.

ii) Les conséquences sur l'emploi : l'évolution des catégories socioprofessionnelles en France, entre 1968 et 2007, a souligné la progression de la catégorie des ingénieurs, techniciens, contremaîtres et agents de maîtrise, et le déclin de la classe ouvrière sur la période étudiée.

De même que l'évolution de l'organisation du travail dans la régie Renault entre 1955 et 2010, a confirmé cette dynamique de changement que connaît l'industrie française durant ces dernières décennies. L'analyse de cette évolution a illustré le développement de la place de la connaissance dans les processus productifs de l'industrie automobile. Parallèlement à cette transformation de l'organisation du travail chez Renault, nous avons constaté que le nombre d'ouvriers a significativement baissé et le nombre de cadres et d'ingénieurs a fortement augmenté.

En définitive et d'une manière synthétique, nous avons dégagé les résultats suivants :

i) nous avons clarifié les spécificités du concept de division cognitive du travail, en le définissant notamment avec davantage de précision. En outre, nous avons élaboré un modèle idéal-type de la division cognitive du travail sous la forme d'un tableau illustrant ses spécificités dans le temps et dans l'espace ;

ii) nous avons aussi souligné que la division cognitive du travail n'est pas uniforme et se manifeste selon différentes modalités d'application dans l'espace. La production postfordiste de petite et

moyenne séries a illustré cette diversité des formes de diffusion de la division cognitive du travail ;
iii) nous avons mis en évidence les facteurs à l'origine de la montée en puissance de la dimension cognitive du travail dans les activités situées au cœur du processus postfordiste de création de valeurs ;
iv) enfin, sur la base de faits stylisés, nous avons montré les conséquences de la montée en puissance des principes de la division cognitive du travail sur l'activité et l'emploi en France et dans certains pays de l'OCDE durant la période postfordiste.

En matière de perspectives, notre travail soulève également d'autres pistes de réflexion à explorer, tant sur le plan théorique que sur celui de l'analyse empirique.

Sur le plan théorique, nous pouvons dégager deux axes de réflexion sur cette thématique.

i) Le premier axe consiste à analyser l'impact de la division cognitive du travail sur la compétitivité des territoires et la spécialisation des pays. La tentation reste de transposer l'analyse du modèle (HOS) en matière de dotations factorielles vers une nouvelle analyse centrée, elle, sur la dimension de la connaissance comme facteur explicatif des spécialisations des pays.
ii) Le second axe de réflexion vise à expliciter la relation entre division technique et cognitive du travail en analysant notamment les rapports de pouvoir et de savoir entre acteurs et groupes d'acteurs.

Sur le plan empirique, d'autres axes de réflexion peuvent être aussi explorés. Nous pouvant citer les suivants :
i) le premier axe serait de proposer un travail de modélisation permettant de distinguer les variables (les dispositifs organisationnels) les plus significatives dans la forme canonique de la division cognitive du travail ;
ii) le second axe de recherche s'inscrit dans une tentative de prolongement de notre travail. Il porte sur la réalisation de travaux empiriques sur la tendance au basculement des principes de la division technique vers ceux de la division cognitive du travail dans l'organisation des processus productifs postfordistes.

BIBLIOGRAPHIE

Adda J. (2006). *La mondialisation de l'économie*. Paris : La Découverte.

Agence Française pour les investissements internationaux, AFII (2010). *France : un marché séduisant des ressources attractives*. Bilan 2010.

Agence Française pour les investissements internationaux, AFII (2009). *Les secteurs d'excellence de la France – industrie aéronautique et spatiale*.

Aglietta M. (1997). *Postface de Régulation et crises du capitalisme*. Paris : Odile Jacob.

Aglietta M. (1976). *Régulation et crises du capitalisme*. Belgique, Calmann – Lévy.

Amin S. (1970). *L'accumulation à l'échelle mondiale, critique de la théorie du sous-développement*. Paris : Anthropos.

Amblard D. (2007). *Le fascisme américain et le fordisme*. Paris : Berg International Editeurs.

Archambault J – P. (2004). Vers une économie de la connaissance ? Médialog n°49.

Arnaudo B., Magaud-Camus I., Sandret N., et Coutrot T. (2004). L'exposition aux risques et aux pénibilités du travail de 1994 à 2003 : Premiers Résultats de l'Enquête SUMER 2003. DARES, *Premières Informations Synthèses* (Direction de l'Animation de la Recherche, des Etudes et des Statistiques) – n° 52.1. Disponible à http://travail-emploi.gouv.fr/IMG/pdf/publication_pips_200412_n-52-1_exposition-risques-penibilites-travail.pdf

Arrow K. (1962). The economic implication of learning by doing. *Review of Economics Studies*, vol. 29 n° 2: 679 – 693.

Askenazy P. (2002). *La croissance moderne, organisations innovantes du travail*. Paris : Economica.

Askenazy P. (2004). *Les désordres du travail*. Paris: Du Seuil.

Aubert P. et Sillard P. (2005). Délocalisations et réductions d'effectifs dans l'industrie française. *Document de travail de la DESE*, Insee, G 2005/03.

Babbage C. (1832/1933). *Traité sur l'économie des machines et des manufactures*. Traduit de l'anglais par les éditions Biot. Paris : Bachelier Imprimeur – Libraire.

Bagnasco A. et Trigilia C. (1988). *La construction sociale du marché, le défi de la troisième Italie*. Editions : E.N.S – Cachan.

Baudry B. (2003). *Economie de la firme*. Paris : La Découverte.

Baudry B. (2005). *Economie des relations interentreprises*. Paris : La Découverte.

Beaud M. (1999). *Histoire du capitalisme*. Paris : Du Seuil.

Bell D. (1973). *The coming of post-industrial society*. New-York: Basic Books.

Bellini S. et Labit A. (2005). *Des petits chefs aux managers de proximité*. Paris : L'Harmattan.

Beraud M. et Grassier T–B. (2008). La qualification dans les centres d'appels : affaiblissement ou recomposition ? Travail et Emploi n° 114 : 45 – 57.

Berger S. (2006). *Made in Monde*. Paris : Du Seuil.

Berger S. (2003). *Notre première mondialisation*. Paris : Du Seuil et la République des Idées.

Bhagwati J. (2010). *Plaidoyer pour la mondialisation*. Paris : Odile Jacob.

Bizaguet A. (1991). *Les petites et moyennes entreprises*. Paris : PUF.

Boutang Y – M. (2007). *Le capitalisme cognitif*. Paris : (Multitudes/Idées) Amsterdam.

Boyer R. (2002). Variété du capitalisme et théorie de la régulation. In *L'année de la régulation* n° 6 : 125 – 195.

Boyer R. (2004). *La théorie de la régulation, 1. Les fondamentaux.* Paris : La Découverte.

Boyer R. et Mistral J. (1983). Le temps présent : la crise (I). D'une analyse historique à une vue perspective. *Annales, Economies, Sociétés, Civilisations*, 38ème année, n° 3 : 483 – 506.

Boyer R. et Schmeder G. (1990). Division du travail, changement technique et croissance : un retour à Adam Smith. *Revue Française d'Economie*, Vol V, n° 1, hiver : 125 -194.

Boyer R. et Durand J – P. (1993). *L'après fordisme*. Paris : Syros.

Boyer R. et Saillard Y. (dir.). (1995). *La théorie de la régulation; Etat des savoirs*. Paris : La Découverte.

Boyer R. et Freyssenet M. (2000). Les modèles productifs. Paris : La Découverte.

Boyer R. et Freyssenet M. (2008). Le modèle sloanien a – t – il été le one best way des Trente Glorieuses? *Recherches & Régulation*. Working Papers : 1 – 53.

Braudel F. (1979). Civilisation Matérielle, Economie et Capitalisme. Paris : Armand Colin.

Borillo M. et Goulette J – P. (2002). Cognition et Création, explorations cognitives des processus de conception. Wavre Belgique : Mardaga.

Brasseul J. (1998). Une revue des interprétations de la révolution industrielle. Revue Région et Développement, n°7 : 1 – 74.

Braverman H. (1976). *Travail et Capitalisme Monopolistique, La dégradation du travail au XXème siècle*. Paris : François Maspero.

Bunel M., Dayan J –L., Desage G., Perraudin C. et Valeyre A. (2008). *Formes d'organisation du travail et relations de travail. Centre d'Etudes de l'Emploi* (C.E.E). Rapport de recherche.

Cardebat J – M. (2002). *La Mondialisation et l'emploi*. Paris : La Découverte.

Carlier A. et Tenret E. (2007). Des conflits de travail plus nombreux et plus diversifiés. DARES (Direction de l'animation de la recherche, des études et des statistiques), *Premières Informations Synthèses,* février 2007 n° 08.1.

Carrouel L. (2005). Les firmes – réseaux du textile : Nike, pour le meilleur et pour le pire ? *Université Paris 8.*

Disponible sur le site http://fig-st-die.education.fr/actes/actes_2005/carroue/article.htm

Catin M. et Ghio S. (2000). Economies d'agglomération, concentration spatiale et croissance. In Baumont C. (dir.), Combes P – P., Derycke P – H. et Jayet H. *Economie Géographique*. Paris : Economica.

Centre d'analyse stratégique, CAS (2009). La communauté de travail, clé de renouveau de la représentation et de la négociation collective ? *La Note de veille* n° 123, février.

Chabaud. D. et Parthenay C. (1999). Le modèle suédois d'organisation du travail : une lecture aokienne de la « production en équipes ». *Revue d'économie de l'industrie*. Vol 89. 3ème trimestre.

Charron E. et Freyssinet M. (1994). L'usine d'Uddevalla dans la trajectoire de Volvo. *Actes Du GERPISA,* n° 9, mars 1994, pp : 161 – 183.

Chavance B. (1996). *Marx et le capitalisme. Paris : Armand Colin.*

Cohen D. (2006). *Trois leçons sur la société postindustrielle*. Paris : Du Seuil.

Colletis G. et Dieuaide P. (2005). Vers une ré-institutionnalisation du rapport salarial centré sur la question des compétences. *Cahiers du GRES* n° 19 : 1 – 33.

Consales G., Fesseu M. et Passeron V. (2009). La consommation des ménages depuis cinquante ans. Dossier, Insee.

Cordier M. (2009). L'organisation du travail à l'hôpital : évolutions récentes. Direction de l'Animation de la Recherche, des Etudes et des Statistiques (DARES). *Etudes et Résultats* – N° 709 – Novembre 2009.

Coriat B. (1990). *L'atelier et le robot - Essai sur le fordisme et la production de masse à l'âge de l'électronique.* Paris : C. Bourgois.

Coriat. B. (1991). *Penser à l'envers - Travail et organisation dans l'entreprise japonaise*. Paris : coll. Cibles XXI. C. Bourgois.

Coriat B. (1994). *L'atelier et le chronomètre. – Essai sur le Taylorisme, le Fordisme et la production de masse.* Paris : C. Bourgeois.

Coriat B. (1999). *L'atelier et le robot. – Essai sur le fordisme et la production de masse à l'Age de l'Electronique.* Paris : Christian Bourgeois.

Coriat B. et Weinstein O. (1995). *Les nouvelles théories de l'entreprise*. Sarthe : Brodard et Taupin.

Coris M. (2000). Impacts des logiciels libres sur l'industrie du logiciel : vers un nouveau modèle productif ? In IFREDE-E3i. Université Montesquieu Bordeaux IV.

Corsani A., Azaïs C et Dieuaide P. (2001) (dir). *Vers un capitalisme cognitif : entre mutations du travail et territoires.* Paris : L'Harmattan.

Corsani A., Dieuaide P., Moulier-Boutang Y., Paulré B., Vercellone C. (2001), « Le capitalisme cognitif comme sortie de la crise du capitalisme industriel : un programme de recherche », *Actes du Forum de la Régulation.*

Coutrot T. (1999). *Critique de l'Organisation du travail*. Paris : La Découverte.

Coutrot T. (2004). Le télétravail en France : 2 % des salariés le pratiquent à domicile, 5 % de façon nomade. Direction de l'Animation de la Recherche, des Etudes et des Statistiques (DARES), Première, Synthèses Informations, décembre 2004 – N° 51. 3.

Conférence des Nations unies sur le commerce et le développement, CNUCED (2004). *Word Investment Report.* Publications des Nations – Unies.

Dardot P., Laval C. et Mouhoud E.M. (2007). *Sauver Marx* ? Paris : La Découverte.

David P.A. et Foray D. (2002). Une introduction à l'économie et à la société du savoir. *Revue internationale des sciences sociales.* N° 171, pages 13 à 28.

Dejours C. (1993). *Travail usure mentale*. Paris : Bayard.

Derycke H. et Jayet H. (2000). *Economie géographique*. Paris : Economica.

Desrosières A. et Thévenot. L (1992). *Les catégories socioprofessionnelles.* Paris : La Découverte.

Diderot D. et d'Alembert J. (1751). *Encyclopédie ou dictionnaire raisonné des sciences, des arts et des métiers.* Premier tome. Paris : Briasson, David, le Breton et Durand.

Dieuaide P., Paulré B., Vercellone C. (2003), « *Le capitalisme cognitif* », Actes des Journées d'Etudes Matisse.

Dieuaide P. (2004). Le travail cognitif comme acte productif. Éléments d'analyse pour une caractérisation de la notion de « Knowledge worker », Université de Versailles saint – Quentin - en – Yvelines. *Conférence Intermédiaire*, 22 -24 septembre 2004.

Dieuaide P. (2005). Le travail cognitif et espace métropolitain. Ebauche d'une problématique. (30 juin 2011). Disponible à http://seminaire.samizdat.net/IMG/pdf/Travail_cognitif_et_espace_metropolitain._P_Dieuaide-2.pdf

Dortier J – F. (2006). Mythes et limites de l'entreprise – réseau. *Sciences Humaines*, mensuel n° 174 :19 – 20.

Dockes P. (1993). Les recettes fordistes et les marmites de l'histoire 1907 – 1993. *Revue Economique*, vol 44, n° 3 : 485 – 527.

Dormois R. (2012). *Economie fordiste et postfordiste : quelles différences.* http://www.citego.info/?Economie-fordiste-et-post-fordiste.

Drucker P. (1973). *Management: Tasks, Responsabilities, Practices*. New–York: Harper & Row Publisher.

Drucker P. (1958). *Landmarks of Tomorrow*. New – York: Harper & Brothers Publishers.

Dujarier M.-A. (2006). *Le travail du consommateur*. Paris : La découverte.

Durkheim E. (1967). *De la division du travail social (1893)*. Paris : PUF, huitième édition.

Du Tertre C. (1989). *Technologie, flexibilité, emploi : une approche sectorielle du post-taylorisme*. Paris : L'Harmattan.

Du Tertre C. (1999). Activités immatérielles, subjectivité et productivité. *Revue Performances, ergonomie et productivité des questions mutuelles ?*, n° hors-série : 86 - 93.

Du Tertre C. (2001). L'économie immatérielle et les « formes de pensée » dans le travail. In Hubault F. (cood.). *Comprendre que travailler c'est penser, un enjeu industriel de l'intervention ergonomique*. Toulouse : Octarès.

Du Tertre C. (2002a). Services, «relation de service » et « économie immatérielle ». In Hubault F. (coord.). *La relation de service, opportunités et questions nouvelles pour l'ergonomie.* Toulouse : Octarès.

Du Tertre C. (2002b). Activités immatérielles et relationnelles : quels nouveaux enjeux pour les territoires ? *Géographie, économie et société*, Volume 4 - n° 2, pp. 181 – 204.

Du Tertre C. (2006a). Performance, du « modèle industriel » néo-taylorien à un modèle serviciel. In Hubault F. *Le stable, l'instable et le changement dans le travail*. Toulouse : Octarès.

Du Tertre C. (2006b). Activités immatérielles et relationnelles : quels construits autour de l'intensité du travail ? In Askenazy

P. Cartron D. De Coninck F. Gollac M. (coordinateurs). *Organisation et intensité du travail*. Toulouse : Octarès.

Du Tertre C. (2006c). Ouvrir le champ de l'évaluation de la performance au registre des externalités. In Heurgon E. (coord.). In *Le développement durable, c'est enfin du bonheur !* La Tour d'Aigues : Editions De l'Aube.

Du Tertre C. (2007a). Investissements immatériels et «Patrimoine immatériel territorial» vers de nouvelles politiques économiques territorialisées. *Développement économique, qualité du travail et de l'emploi : un enjeu territorial*. Amiens : 15/02/2007.

Du Tertre C. (2007b). Investissements immatériel et Patrimoine collectif immatériel. In C. du Tertre, C. Laurent, *Secteurs et territoires dans les régulations émergentes*. Paris: L'Harmattan.

Eliasson G. (1996). *Firm objectives, controls and organization*. Boston/Dordrecht/London: Kluwer Academic Publishers.

Elie F. (2009). *Economie du logiciel libre*. Paris : Eyrolles.

Elleboode C. (2006). La division du travail, de l'économique au social. Paris : Armand Colin.

Essfi I. Alizon F. Feillert D. et Dallery Y. (2003). Optimisation des coûts de manutention dans un atelier de montage. Organisation et Conduite d'Activités dans l'Industrie et les Services, 4ème Conférence Francophone de Modélisation et Simulation. Toulouse, MOSIM'03 – du 23 au 25 avril 2003.

Faure P. (2009). L'usage des TIC dans les entreprises industrielles européennes progresse de façon contrastée selon les pays et les outils. In *Le 4 pages de la DGCIS* (Direction Générale de la Compétitivité, de l'Industrie et des Services).

Faure P. et Pliquet E. (2007). TIC et modes organisationnels dans les entreprises industrielles, des outils adaptés à chaque modèle. Le 4 pages du SESSI. N° 239.

Fleury L. (2001). *Max Weber*. Paris: PUF.

Florida R. (2002). The Rise of the Creative Class. Why cities without gays and rock are losing the economic development race. *Washington Monthly,* vol. 34, n°5 (may).

Floury M., C. Rouxel, C. Vinck, L. Magaud-Camus I. (2006). La manutention manuelle de charges en 2003 : la mécanisation n'a pas tout réglé ». Direction de l'Animation de la Recherche, des Etudes et des Statistiques (DARES). *Première, Synthèses Informations*, Mars 2006 – N° 11.3.

Fontagné L. Mayer T. (2005). Les choix de localisation des entreprises. Paris : La Découverte.

Fontagné L. Toubal F. (2010). Investissement direct étranger et performances des entreprises. *Rapport du Conseil d'Analyse Economique*, Analyse Economique – N° 2/2010.

Foray D. (2000). *L'économie de la connaissance*. Paris : La Découverte.

Foray D, (2010). L'industrie de luxe et l'économie de la connaissance. *Rapport Annuel d'Activité*. Comité Colbert (2010) : 19 – 27.

Ford H. (1992). *Propos d'hier pour aujourd'hui. Traduit de l'américain par Martel J.* Paris : Masson.

Fourquet F. (2000). *Une histoire de la mondialisation*. Université Paris 8 : 2ème édition.

Freund J. (1968). *La sociologie de Max Weber*. Paris : PUF

Freyssenet M. (1974). *Le processus de déqualification – surqualification de la force de travail*. Paris : CSU.

Freyssinet J. (1977). *La division capitaliste du travail*. Paris : Savelli.

Freyssenet M, (1994). La genèse du travail en groupe chez Renault, Programme « Émergence de nouveaux modèles industriels ». GERPISA, *Premier séminaire international du groupe « Rapport salarial*, 24-26 Février 1994, *Lower Slaughter*, Grande-Bretagne.

Freyssenet M. (1995). La « production réflexive », une alternative à la « production de masse » et à la « production au plus juste » ? *Sociologie du Travail*, n° 3/1995, pp 365 – 388. Edition numérique disponible à www.freyssinet.com

Freyssenet M. (2006). L'évolution de l'emploi et des politiques d'emploi à la Régie Nationale des Usines Renault entre 1975 et 1982, *Édition numérique* : www.freyssenet.com.

Freyssinet J. (2007), Hétérogénéité du travail et organisation des travailleurs, Fascicule 4, L'ère de la production de masse. *Document de Travail de l'IRES* (Institut de Recherche Economiques et Sociales), n° 07.01.

Freyssenet M. (1998). Les transformations du travail en groupe chez Renault. In Durand, J.P., Castillo, J.J. et Stewart, P. (dir.), *L'avenir du travail à la chaîne. Une comparaison internationale dans l'industrie automobile*. Paris : La Découverte, pp 185-197. Édition numérique : www.freyssenet.com

Freyssenet M., A. Mair, K. Shimizu, et G. Volpato (2000*). Quel modèle productif ? Trajectoires et modèle industriels des constructeurs automobiles mondiaux.* Paris : la découverte.

Friedman G. (1956). *Le travail en miettes*. Paris : Gallimard.

Fumagalli A. et Morini C. (2008). Segmentation du travail cognitif et individualisation du salaire. Multitudes n° 32 : 65 – 76.

Gadrey J. (1992). *L'économie des services*. Paris : La Découverte.

Gadrey J. (2003). *Socio-économie des services*. Paris : La Découverte.

Garofoli G. (1992). Les systèmes de petites entreprises : un cas paradigmatique de développement endogène. In Benko G. et Lipietz A., *Les Régions qui gagnent: Districts et réseaux, les nouveaux paradigmes de la de la géographie économique*. Paris : P.U.F

Gramsci A. (1934). *Américanisme et fordisme, cahiers de prison 22 (V)*. In *Bibliothèque de philosophie*. Traduit par Perrus C. Paris : Gallimard (1991) : 175 – 213.

Girard B. La division du travail, les machines, la surveillance. In *Une histoire des théories du management en France de 1800 à 1940*. Disponible à http://www.bernardgirard.com/Management.pdf

Gorz A (1997). *Misères du présent, richesse du possible*. Paris : Galilée.

Gorz. A (2003). *L'immatériel. Connaissance, valeur et capital*. Paris : Galilée.

Greenan N. H. et Cholet S. (2000). Les salariés industriels face aux changements organisationnels en 1997. Direction de l'Animation de la Recherche, des Etudes et des Statistiques (Dares). Première, Synthèses, Informations. 2000. 03 – N° 09.

Halsall P. (1997). Modern History Sourcebook: Andrew URE: *The philosophy of the manufactures*. August, 1997.

Hamdouch A. et Depret M.-H. (2001). *La nouvelle économie industrielle de la pharmacie*. Paris : Elsevier.

Hatchuel A. et Weil B. (2002). La théorie C – K : fondements et usages d'une théorie unifiée de la conception. *Colloque Science de la Conception*. Lyon, 15 – 16 mars 2002.

Hatchuel A. et Weil B. (2010). L'ERI, Conception et Innovation. Disponible sur http://cgs.ensmp.fr/dossierscientifique/ERI/ERIconception/conception.htm

Hume D, (1739). *Traité de la nature humaine*. Traduction de *A treatise of human nature*. Paris: Flammarion (1991).

Ibn Kaldoun (1377), (El-Muqqadima). *Prolégomènes d'Ibn Khaldoun et sa philosophie de l'histoire*. Traduit en français par J.F Kayale, revu par Fadi salamé. Beyrouth : éditions Dar-el-Kotob al-ilmiyah, 1971.

INSEE, Institut national de la statistique et des études économiques (1969). Le code des catégories socioprofessionnelles. *Question, Economie et statistique*, n°4, pp : 65-67. Disponible à http://www.persee.fr/web/revues/home/prescript/article/estat_0336-1454_1969_num_4_1_1823

Kamata S. (2008). *Toyota : L'usine du désespoir*. Paris : Demopolis.

Klein T. et Loyer J – L. (2009). Le développement du télétravail dans la société numérique de demain. *Centre d'Analyse Stratégique*, novembre 2009.

Lacoste Y. (1998). *Ibn Khaldoun. Naissance de l'histoire, passé du tiers monde*. Paris : La Découverte

Lainé F. (2005). Secteurs et métiers industriels : l'industrie n'est plus ce qu'elle était. Direction de l'Animation de la Recherche, des Etudes et des Statistiques (DARES). *Première, Synthèses Informations,* Avril 2005 – N° 16.2.

Lambin J.-J. (2011). *Quel avenir pour le capitalisme*. Paris : Dunod

Landes S.D (1969). *L'Europe technicienne*. Paris : Gallimard.

Lassudrie-Duchêne B. (1982). *Echange international et croissance*. Paris : Economica.

Lazzarato M. et Negri T. (2003). Travail immatériel et subjectivité. Disponible sur http://multitudes.samizdat.net/Travail-immateriel-et-subjectivite (15 octobre 2008).

Linhart D. (2009). *Travailler sans les autres*. Paris : Du Seuil.

Leborgne D. et Lipietz A. (1988). L'après fordisme et son espace. In *Les temps modernes*, Avril, Paris.

Lipietz A. (1980). Le tertiaire, arborescence de l'accumulation capitaliste : prolifération et polarisation. *Revue trimestrielle, Critiques de l'économie politique*, nouvelle série n° 12/14 F : 37 – 70.

Lipietz A. (1983). *Le capital et son espace*. Paris, Maspero, La Découverte.

Lipietz A. et Benko G. (dir), (1992). *Les Régions qui gagnent: Districts et réseaux, les nouveaux paradigmes de la de la géographie économique*. Paris : P.U.F

Lipietz A. et Leborgne D. (1982). L'après fordisme : idées fausses et questions ouvertes. *Problèmes économiques*, n° 2260.

Lojkine J. (1986). *La classe ouvrière en mutations*. Paris, Messidor : éditions sociales.

Lojkine J. (1992). *La révolution informationnelle*. Paris : P.U.F.

Lorenz E. et Valeyre A. (2005). Les formes d'organisation du travail dans les pays de l'Union Européenne. Travail et Emploi, n ° 102 : 91 – 105.

Lorenz E. et Valeyre A. (2005). Connaissance de l'emploi. *Le 4 pages*. Centre d'Etudes et de l'Emploi, n° 13.

Mandeville B. (1714). *The Fable of the bees: or, private vices, public benefits. With an essay on charity and charity-schools. And search into the nature of society*. Published by the Penguin group, First published in Pelican books 1970.

Maniak R. (2007). Le modèle japonais ne peut pas mourir car il n'a jamais existé. *Le Libellio d'Aegis*. Vol 3. n° 1 17 : 16 – 22.

Mantoux P. (1959). *La révolution industrielle au 18ème siècle. Essai sur les commencements de la grande industrie moderne en Angleterre.* Paris : éditions Guénin.

Marglin S–A. (1973). Origines et fonctions de la parcellisation des tâches. In Gortz A. *Critique de la division du travail.* Paris : Du Seuil.

Marx K. (1985). *Le Capital livre 1*. Paris : Flammarion.

Melone H – P. et Contamin R. (2002). Les fusions et acquisitions bancaires en Europe : un enjeu de taille. *Flash Eco* n°2002-15.

Mintzberg H. (1982). *Structure et dynamique des organisations*. Paris : Les éditions d'organisation, 434 p.

Moati P. et Perraud A. (2001). Localisation des firmes et développement local. *CREDOC Cahier de Recherche,* n° 159 : 1 – 87.

Morin P. (1999). *Henri Fayol. Administration industrielle et générale*. Paris : Dunod.

Mouhoud E.M. (2003). Division internationale du travail et économie de la connaissance. In Vercellone C. (dir.). *Somme-nous sortis du capitalisme industriel* ? Paris : La Dispute.

Mouhoud E.M. (2004). Les logiques de l'innovation, Mondialisation et localisation des activités de R&D. *Cahiers français* n° 323 : 59 – 64.

Mouhoud E.M. (2008). *Mondialisation et délocalisation des entreprises*. Paris : La Découverte.

Mouhoud E.M. et Moati P. (1994). Information et organisation de la production. Vers une division cognitive du travail. *Revue Economie Appliquée*, tome 46, n°1 : 47-73.

Mouhoud E.M. et Moati P. (2005). Décomposition internationale des processus productifs, polarisations et division cognitive du travail. *Revue d'Economie Politique*, décembre 2005 : 573 - 590.

Mouhoud E. M. et Plihon D. (2009). *Le savoir et la finance. Liaisons dangereuses au cœur du capitalisme contemporain.* Paris : La Découverte.

Mouhoud E-M. et Jennequin H. (2012). *Les activités tertiaires sur les territoires : typologie des services, fonction d'emploi et spécialisation des zones d'emploi.* Disponible à http://basepub.dauphine.fr/bitstream/handle/123456789/5846/mouhoud_tertiaire.PDF?sequence=1

Niel X. Okham M., (2007). Les ressorts de l'économie des services : dynamique propre et externalisation. *Insee Première*, n° : 1163, novembre 2007.

Negri T. et Vercellone C. (2008). Le rapport capital/travail dans le capitalisme cognitif. *Multitudes* n° 32.

Nouschi M. (1999). Lexique d'histoire économique. Paris : Armand Colin.

Ohno T. et Mito S. (1993). *Présent et avenir du toyotisme*. Paris : Masson.

Oiry E. (2003). *De la qualification à la compétence, rupture ou continuité ?* Paris : L'Harmattan.

Organisation de Coopération et de Développement Economiques, OCDE (2005). *Les services et la croissance économique : emploi, productivité et innovation*. OCDE : Paris.

Observatoire Français des Conjonctures Economiques, OFCE (2010). *L'industrie manufacturière française*. Paris : La Découverte.

Pastré O. (1984). Attention : un taylorisme peut en cacher un autre. In De Montmollin M. et Pastré O. (dir.). *Le Taylorisme*. Paris : La Découverte.

Paulré B. (2008). Le capitalisme cognitif : une approche schumpétérienne des économies contemporaines. In Colletis G. et Paulré B. (dir.). *Les nouveaux horizons du capitalisme : pouvoirs, valeurs, temps*. Paris : Economica.

Paulré B. (2003). « Postface ». In Vercellone C. (dir.). *Sommes-nous sortis du capitalisme industriel ?* Paris : La Dispute.

Paulré B. (2000a). « De la new economy au capitalisme cognitif ». Multitudes 2 : 25 – 42.

Paulré B. (2000b). Les stratégies de recentrage de haute technologie. Paris : Editions de L'Industrie.

Peaucelle J–L. (2007). *Adam Smith et la division du travail*. Paris : L'Harmattan.

Perrochon D. (2000). Le recentrage dans l'industrie pharmaceutique : vers une redéfinition des métiers de la santé. In Paulré B. (ed.), *Les stratégies de recentrage de haute technologie*. Paris, Ministère de l'Economie, des Finances et de l'Industrie.

Piketty T. (1998). L'emploi dans les services en France et aux Etats-Unis : une analyse structurelle sur longue période. In *Economie et statistique*, n° 318, pp. 73-99.

Piore M. J. et Sabel C. F. (1989). Les chemins de la prospérité. Paris : Hachette.

Piotte J-M. (1970). *La pensée politique de GRAMSCI*. Ottawa : Parti Pris.

Plihon D. (2004). *Le nouveau capitalisme*. Paris : La Découverte.

Polanyi K. (2009). *La grande transformation*. Paris : Gallimard.

Pouget M. (1998). *Taylor et le Taylorisme*. Coll. «Que sais-je ? ». Paris : PUF.

Quintin O. (2011). *Le travail et l'emploi dans vingt ans*. Rapport du groupe de travail. Centre d'analyse stratégique, p 30.

Rainelli M. (1999). *Les stratégies des entreprises face à la mondialisation*. Caen : Management Société.

Rainelli M. (2003). *La nouvelle théorie du commerce international*. Paris : La Découverte.

Raj K., Filliatreau G., Thimonier C. et Gehrisch W. (2008). *Mondialisation, connaissance et réseaux scientifiques. Les dossiers de la mondialisation* n° 9 (mars 2008).

Rastetter Y. (2006). *Le logiciel libre dans la mondialisation*. Paris : Lavoisier.

Reich R. B. (1991). *L'économie mondialisée*. Traduit de l'anglais par Temam D., en 1993. Paris: Dunod.

Reich R. B. (1993). *The work of nations*. London: Simon & Schuster.

Rey-Valette H. et D'Artigues A. (2003). *Histoire économique du capitalisme industriel*. Belgique : Campin 2000 SA.

Ricci F. (1975). Gramsci dans le Texte. In Ricci F. (dir.), en collaboration avec Bramant J. Recueil. Paris : Editions Sociales.

Robert M. (1999). Les artisans et les métiers. Paris : PUF.

Ruano-Borbalan J–C. (2000). Les origines du capitalisme. *Sciences Humaines « Les nouveaux visages du capitalisme »*, hors – série n° 29 : 6 – 9.

Salama P. et Tran Hai H. (1992). *Introduction à l'économie de Marx*. Paris : La Découverte.

Sallez A. et Schlegel J. (1963). *La sous-traitance dans l'industrie*. Paris : Dunod.

Schatz A. (1902). *L'œuvre économique de David Hume*. Paris : Arthur Rousseau Editeur.

Service des études et des statistiques industrielles, SESSI (2008). *L'industrie européenne et la mondialisation*. Rapport C.P.C.I édition 2008. Disponible à http://www.insee.fr/sessi/cpci/cpci2008/dossier.pdf

Shimizu K. (1999). *Le toyotisme*. Paris : La Découverte.

Siegfried A. (1941). *Qu'est-ce que l'artisanat? Son rôle dans le passé, dans le présent, dans l'avenir*. Paris: Horizons de France.

Sloan A. (1968). *Mes années à la General Motors.* Puteaux : Hommes et Techniques.

Smith A. (1776). *Recherches sur la nature et les causes de la richesse des nations*. Traduction de G. Garnier, revue par A. Blanqui, introduction et index par D. Diatkine. Paris : GP Flammarion, 1991.

Sofer C. (1985). *La division du travail entre hommes et femmes*. Paris: Economica.

Taylor F–W. (1957). *La direction scientifique des entreprises*. Traduit de l'anglais par Mauray L. Paris : Dunod.

Taylor F–W. (1990). *Organisation du travail et économie des entreprises*. Textes choisis et présentés par Vatin F. Paris : Editons d'Organisation.

Toubal K. (2006). *Le travail dans les cultures monothéistes, Judaïsme, christianisme, islam de l'Antiquité au XVIIIe siècle*. Paris : L'Harmattan.

Tosel A. (2005). La presse comme appareil d'hégémonie selon Gramsci. Dossier, *Quaderni*, Vol 57 : 55 – 71.

Ulrich V. et Zilberman S. (2007). De plus en plus d'emplois à temps partiel au cours des vingt-cinq dernières années. Direction de l'Animation de la Recherche, des Etudes et des Statistiques (DARES), *Première, Synthèses Informations*, Septembre 2007 – n° 39.3.

Ure A. (1836). *Philosophie des manufactures ou Economie industrielle de la fabrication du coton, de la laine, du lin et de soie*. Disponible sur le site de la Bibliothèque nationale de France : www.gallica.bnf.fr

Vatin F. (1990). *F.W. Taylor, Organisation du travail et économies des entreprises*. Editions organisation, Paris.

Veltz P. (1986). Informatisation des industries manufacturières et intellectualisation de la production. In *Réseaux*, volume 4 n° 18.

Veltz P. (1993), « Déstabilisation et résistance du taylorisme », in Durand J – P (ss dir. de), *Vers un nouveau modèle productif* ? Paris : Syros, pp : 93 – 126.

Veltz P. (2000). *Le nouveau monde industriel.* Paris : Gallimard.

Veltz P. et Zarifian P. (1993). Vers de nouveaux modèles d'organisation ? *Sociologie du travail.* n° 35-1.

Vercellone C. (1999). *Accumulation primitive, industrialisation et rapport salarial en Italie*, Thèse de doctorat, Université de Paris 8.

Vercellone C. (2004). Division internationale du travail, propriété intellectuelle et développement à l'heure du capitalisme cognitive. *Revue Géographie Economie Société*, 2004/4 – Vol. 6 : 359 – 381.

Vercellone C. (2008a). La thèse du capitalisme cognitif : une mise en perspective historique et théorique. In Colletis G., Paulré B. (dir.). *Les nouveaux horizons du capitalisme : pouvoirs, valeurs, temps*. Paris : Economica.

Vercellone C. (2008b). Finance, rente et travail dans le capitalisme cognitif. *Multitudes 32* : 27 – 38.

Vercellone C. et Lebert D. (2003). L'économie de la connaissance et de l'immatériel, entre théorie et histoire : du capitalisme industriel au capitalisme cognitif. *Cahiers lillois d'économie et de sociologie*, 43-44 :17 – 39.

Verley P. (1997). *La révolution industrielle*. Paris : éditions Gallimard.

Vivant E. (2006). La classe créative existe-t-elle ? *Les Annales de la Recherche Urbaine*, n° 101 « Economies, connaissances, territoires », novembre, pp155-161.

Weber M. (1965). *Essais sur la théorie de la science.* Texte traduit et présenté par Freud. J. Paris : PUF.

Wemelbeke G. (2011). Pôles de compétitivité : la moitié des projets de R & D aboutis ont débouché sur un produit ou un procédé de fabrication nouveau. *Les 4 pages de la DGCIS* (Direction Générale de la Compétitivité, de l'Industrie et des Services).

Wood S. (1993). Le modèle japonais ou japonisation du fordisme ? In J-P Durand, *Vers un nouveau modèle productif,* pp 143 – 164. Paris : Syros.

Zarifian P. (1990). *La nouvelle productivité*. Paris : L'Harmattan.

Zarifian P. (2009). *Le travail et la compétence : entre puissance et contrôle*. Paris : PUF.

Zghal R. (2001). Les changements de paradigme technologique et nouveaux métiers. Disponible à http://www.mes.tn/francais/divers/lectures/riadh_zghal_a.htm l (23 mars 2009).

TABLE DES SIGLES ET DES ABREVIATIONS

1 – AFII : Agence Française pour les Investissements Internationaux.
2 – APR : Agents Productifs Renault.
3 – *C – K : Concept Knoweldge.*
4 – COI : Changements Organisationnels et Informatisation.
5 – DARES : Direction de l'Animation de la Recherche, des Etudes et des Statistiques.
6 – DCT : Division Cognitive du Travail.
7 – DIPP : Décomposition Internationale du Processus Productif .
8 – DIT : Division Internationale du Travail.
9 – DTT : Division Technique du Travail.
10 – EDI : Echange de Données Informatisées.
11 – ETAM : Employés, Techniciens, Agents de Maîtrise.
12 – F.D.V : Force de Vente.
13 – FSF: Free Software Foundation.
14 – *GM: General Motors.*
15 – HOS : Heckscher-Ohlin-Samuelson.
16 – IC : Ingénieurs et Cadres.
17 – *IRA: Industrial Recovery Act.*
18 – *ISO: International Organization for Standardization.*
19 – JAT : Juste-à-Temps.
20 – *LO : Lands Organisationen.*
21 – NACE : Nomenclature des Activités Economiques Européennes.
22 – *NIRA: National Industrial Recovery Act.*
23 – OCDE : Organisation de Coopération et Développement Economique.
24 – OFCE : Observatoire Français des Conjonctures Economiques.
25 – OSI : Open Source Initiative.
26 – OST : Organisation Scientifique du Travail.
27 – PIB : Produit Intérieur Brut.
28 – R&D : Recherche et Développement.
29 – SNCF : société Nationale des Chemins de Fer.
30 – TIC : Technologies de l'Information et de la Communication.
31 – *UAWU: United Auto Workers'Union.*
32 – UET : Unités Elémentaires de Travail.
33 – *WA: Wagner Act.*
34 – *WLB: War Labor Board*

TABLE DE MATIÈRES

Marché et Organisations
L'Harmattan

Cahiers d'économie et de gestion thématiques dont le but est de promouvoir la recherche originale sur les relations de plus en plus étroites qui se tissent entre le marché et les organisations. Les acteurs économiques de taille, de puissance et de pouvoir différents dont les intérêts peuvent être convergents, complémentaires ou, le plus souvent, antagoniques, ont tendance à organiser les marchés. La raison du marché, pourtant, est la référence stratégique pour l'entreprise ainsi que pour les institutions publiques de décision économique.

Direction : Sophie Boutillier, Blandine Laperche, Céline Merlin-Brogniart, Jean-Louis Monino, Sophie Reboud, Dimitri Uzunidis (directeur de publication)

Numéros parus :

N°1 : Artisanat. La modernité réinventée, 2006

N°2 : La petite entreprise, elle a tout d'une grande. De l'accompagnement aux choix stratégiques, 2006

N°3 : Tourisme et Innovation. La force créative des loisirs, 2007

N°4 : Le travail. Formes récentes et nouvelles questions, 2007

N°5 : Les universités et l'innovation. L'enseignement et la recherche dans l'économie des connaissances, 2007

N°6 : Entrepreneuriat et accompagnement. Outils, actions et paradigmes nouveaux, 2008

N°7 : Développement durable des territoires. Economie sociale, environnement et innovations, 2008

N°8 : Développement durable et responsabilité sociale des acteurs, 2009

N°9 : Gouvernance : exercices de pouvoir, 2009

N°10 : Le travail collaboratif. Une innovation générique, 2009

N°11 : Economie sociale et solidaire. Nouvelles trajectoires d'innovations, 2010

N°12 : Relations à la marque et marques de la relation. Regards croisés sur le management relationnel de la marque, 2010

N°13 : Les contrats au service de la recherche ?, 2011

N°14 : Le potentiel économique de l'Afrique subsaharienne, 2011

N°15 : Management de la distribution, 2012

N°16 : Territoire Vert. Entreprises, Institutions, Innovations, 2012

N°17 : Eco-conception, conception et innovation. Les nouveaux défis de l'entreprise, 2013

N°18 : Intelligence économique : entreprises et territoires, 2013

N°19 : La finance globale. Un monde fini, 2013

N°20 : La crise du « développement », 2014

N°21 : La Chine innove. Politiques publiques et stratégies d'entreprise, 2014

N°22 : Go East! Nouvelles Economies de Marché, 2015

N°23 : L'économie du changement, 2015

N°24 : Le temps des artisans. Permanences et mutations, 2015

N°25 : Innovations de proximité et esprit d'entreprise, 2016

contact : Dimitri Uzunidis, uzunidis@univ-littoral.fr

Collection « L'esprit économique »

fondée par Sophie Boutillier et Dimitri Uzunidis en 1996
dirigée par Sophie Boutillier, Blandine Laperche, Dimitri Uzunidis

Dernières parutions

► ***Série Economie et Innovation***
S. BOUTILLIER, *L'artisanat et la dynamique de réseaux*, 2011.
P. DESHAYES, H. DE MEDINA (dir.), *Développement durable et intelligence des matériaux. Regards croises franco-brésiliens sur les pratiques du bâtiment et de la construction*, 2011.
F. LARRE, J.-M. PLASSARD, *L'enseignant : réalités économiques et enjeux professionnels*, 2012.
P. MADINIER, *Une économie de services sans servilité*, 2013.
N. ABBES, *L'entreprise responsable. De la responsabilité sociétale à la communication environnementale*, 2013.
Z. LIU, *Politiques d'innovation et pme en France. Une histoire de liens faibles*, 2013.
E. BESANÇON, N. CHOCHOY, T. GUYON, *L'innovation sociale. Principes et fondements d'un concept*, 2013.
F. PAUN, L. ALEXANDRE-LECLAIR, I. VAILEANU-PAUN, *Innover ou périr. Paroles d'experts*, 2014.
F. ABADA, *Individualiser son offre au moindre coût*, 2015.
► ***Série Le Monde en Question***
M. SANTI, *Splendeurs et misères du libéralisme*, 2012.
P. BAGUS, *La tragédie de l'euro*, 2012.
C. BERTHOMIEU, J.-P. GUICHARD, E. PONOMARENKO (dir.), *La Russie, l'Europe et la méditerranée dans la crise*, 2013.
T. BRUGVIN, *Le commerce équitable et éthique. Opportunités et limites*, 2014.
W. AMEDZRO St-HILAIRE, *Le capital global et sa régulation*, 2014.
W. AMEDZRO St-HILAIRE, *Reconstruire l'Afrique. Nouvelle gouvernance et projet de développement*, 2014.
M. SANTI, *Misère et opulence. Chroniques d'austérité globalisée*, 2015
► ***Série Krisis***
J. HUERTA DE SOTO, *Socialisme, calcul économique et fonction, entrepreneuriale. Aphorismes libertariens*, 2013.
G. MINART, *Entrepreneur et esprit d'entreprise. L'avant-gardisme de Jean-Baptiste Say*, 2014.
T. A. BAKALA, *La monnaie endogène. Une critique de la théorie quantitative de la monnaie*, 2015.
A. MARQUEZ-VELASCO, *Politique et économie. 10 mesures phares pour un monde meilleur*, 2015.
► **Série *Clichés***
S. BOUTILLIER, D. UZUNIDIS (dir.), *La Russie européenne. Du passé composé au futur antérieur*, 2008.
R. VOLPI, *La négociation. Pain, paix, liberté*, 2009.
► ***Série Cours Principaux***
L. DANIEL, M. RUIMY, *Taux d'intérêt et marches financiers*, 2013.
G. FONOUNI-FARDE, *Comprendre l'économie internationale. L'économie pour tous !*, 2103.
B. NDIAYE, *Analyse économique de l'investissement en capital humain*, 2014.
P. BOUVIER-PATRON, *Economie et management de l'entreprise innovante. Réseaux, territoire et développement durable*, 2014.
J. KIAMBU, *Eléments d'analyse économique*
► ***Série L'économie formelle***
F. MACHROUH, *Crises bancaires : comprendre pour mieux prédire*, 2012.
J. ATLAN, *L'argent des pauvres, les milliards des banques. Alternatives financières et politiques*, 2012.
F. DUHAMEL, A. DUNOYER de SEGONZAC, *La cocotte-minute financière. Petit précis de décomposition socio-économique*, 2012.
P. BRACONNIER, G. CAIRE (dir.), *L'économie sociale et solidaire et le travail*, 2013.
M. SANTI, *L'Europe. Chroniques d'un fiasco économique et politique*, 2013.
J. BERNARD, *La croissance. 10 points cruciaux*, 2013.
P.-A. LAMBERT, *Le temps de la rigueur. Fiscalité, protection sociale, mondialisation*, 2014.

Économie et Entreprise aux éditions L'Harmattan

Dernières parutions

LA BOURSE OU LA VIE
Réflexions sur les valeurs contemporaines
Péruisset-Fache Nicole
Nous vivons une époque de confusion, alors que l'économie, devenue une fin en soi, n'est pas mise au service des humains, assujettis dans leur grande majorité par une oligarchie de puissants. Ce sont alors toutes les valeurs traditionnelles qui se trouvent mises à mal, voire inversées ou même annulées, au cœur d'une civilisation qui, sous la menace nucléaire, porte mal son nom. Il est peut-être encore temps de mettre l'homme au centre des valeurs...
(Coll. Questions contemporaines, 18.00 euros, 182 p.)
ISBN : 978-2-343-06227-3, ISBN EBOOK : 978-2-336-37622-6

ARRÊTEZ DE NOUS COMPLIQUER L'EXISTENCE
115 préconisations concrètes pour redresser notre économie
Moreau Max - Préface de Jean-Paul Betbèze
Ce nouvel essai de Max Moreau porte sur la nécessité d'une rupture économique clairvoyante et propose un modèle séquentiel méthodique - économique, militaire, intellectuel -, un diagnostic et une stratégie - Master Plan -, des choix rigoureux. 115 préconisations drastiques, des objectifs ambitieux, un idéal pour transcender les Français. Servi par un humour corrosif, ce recueil de compréhension économique originale et pragmatique est un appel à la lucidité... Il s'agit d'une vraie mesure de salut public, le livre de chevet idéal pour les gouvernants !
(16.50 euros, 158 p.)
ISBN : 978-2-343-06240-2, ISBN EBOOK : 978-2-336-38177-0

LA MONNAIE ENDOGÈNE
Une critique de la théorie quantitative de la monnaie
Bakala Toussaint Armel
La nature de la monnaie donne lieu à des divergences chez les économistes, qui viennent en règle générale de ce que les hypothèses sur lesquelles ils s'appuient diffèrent selon qu'ils appartiennent à tel ou tel courant de pensée. Cet ouvrage est un concentré de savoir en économie monétaire et financière depuis l'âge classique à nos jours. Il s'adresse aux étudiants, chercheurs et enseignants en sciences économiques intéressés par les théories monétaires et financières, les déséquilibres macroéconomiques et les récents développements de la macroéconomie postkeynésienne.
(Coll. L'esprit économique, série Krisis, 42.00 euros, 430 p.)
ISBN : 978-2-343-06273-0, ISBN EBOOK : 978-2-336-38165-7

LIBÉRALISME ET TOTALITARISME
Da Silva Jean-Marc
Est-il possible que le libéralisme nous conduise à une vie soumise au régime de la contrainte absolue ? Comme toute idéologie, le libéralisme part d'une idée simple qu'il développe logiquement : l'individu souverain. Il se heurte à l'État, forme moderne de la souveraineté collective. Pas à pas, il phagocyte toutes les articulations de la vie collective et pénètre les esprits

par les voies symboliques. Sa force ? Déployer un discours communément admis capable de modifier les comportements, les pratiques et les pensées.
(Coll. Questions contemporaines, 25.00 euros, 246 p.)
ISBN : 978-2-343-06068-2, ISBN EBOOK : 978-2-336-37617-2

BILAN D'UNE RÉFLEXION DE QUATRE DÉCENNIES ET ENJEUX DU FUTUR
Sous la direction de Roger Tsafack Nanfosso ; préface de Claude Albagli
Quel est l'apport scientifique du CEDIMES après quarante années d'existence ? Ce livre part d'une rétrospective analytique sur la pertinence des choix des problématiques arrêtés depuis 1972, puis évalue les résultats obtenus autour de huit thématiques : l'entrepreneuriat et le marché, l'entrepreneuriat et les structures, le développement, le développement durable, la mondialisation, les politiques économiques, les apports des autres disciplines et l'aménagement territorial.
(Coédition CEDIMES, Coll. Mouvements économiques et sociaux, 19.50 euros, 190 p.)
ISBN : 978-2-343-05531-2, ISBN EBOOK : 978-2-336-38087-2

SORTIR DU HARCÈLEMENT MORAL
Conseils d'experts
Sous la direction de Guy Sallat / Préface du Sénateur Alain Milon, Président de la commission des affaires sociales au Sénat
Comment lutter contre le phénomène du harcèlement moral au travail pour se protéger et faire valoir ses droits ? Comment lutter pour le stopper et le vaincre ? Cet ouvrage, par les éclairages d'une vingtaine de personnalités, s'adresse tant aux personnes qui se sentent victimes qu'aux autres publics concernés : employeurs, managers, préventeurs, médecins, avocats, médiateurs. Ces experts recommandent des idées, des postures et des outils concrets qui aideront à mieux se battre contre le harcèlement moral au travail.
(20.00 euros, 224 p.)
ISBN : 978-2-343-06060-6, ISBN EBOOK : 978-2-336-37600-4

VIVRE ET TRAVAILLER DANS LES ESPACES À FAIBLE DENSITÉ
Quelles stratégies de développement ?
Sous la direction de Claude Devès
Au moment où le fait métropolitain semble concentrer toute l'attention des pouvoirs publics, il est utile de faire le point sur l'avenir des territoires «interstitiels», ruraux pour la plupart. En effet, l'actuelle réforme territoriale oriente vers une réorganisation des territoires autour d'une métropole ou d'une ville-région, mais pose en même temps la question du devenir de ces espaces : seront-ils aspirés par le fait métropolitain et pourront-ils en bénéficier ou sont-ils condamnés à un lent et inexorable dépérissement ?
(Coll. Grale, 28.00 euros, 268 p.)
ISBN : 978-2-343-05609-8, ISBN EBOOK : 978-2-336-37336-2

REDRESSER VOTRE ENTREPRISE EN 100 QUESTIONS
Guide pratique pour tout savoir de l'entreprise en difficulté
De Germay Nicolas - En collaboration avec Jérôme de Chanaud
En 100 questions et 100 réponses, ce guide traite de manière pratique de tous les aspects (juridique, économique, financier, social) liés au retournement, au traitement ou à la reprise d'une entreprise en difficulté. Outil indispensable aux entrepreneurs et à tous les partenaires de l'entreprise, il donne des conseils sur la gestion et fournit la méthodologie pour reprendre une entreprise en difficulté. Des témoignages de professionnels offrent un éclairage vivant sur leur rôle et leurs interventions.
(26.00 euros, 256 p.)
ISBN : 978-2-343-05272-4, ISBN EBOOK : 978-2-336-37133-7

LES STRATÉGIES DE COOPÉRATION
Une réponse à la responsabilité sociétale des entreprises
Da Fonseca Marie
La présente recherche s'intéresse aux enjeux managériaux rencontrés par les entreprises dans le cadre de l'opérationnalisation de la responsabilité sociétale, en mobilisant le courant de

la Corporate Social Responsiveness, qui propose de porter une attention particulière aux changements organisationnels. L'Étude exploratoire, basée sur l'analyse des dix-sept associations thématiques recensées sur le territoire français, permet d'identifier différents profils de stratégies de coopération et d'en dresser une typologie.
(Coll. Entreprises et Management, 35.50 euros, 346 p.)
ISBN : 978-2-343-05622-7, ISBN EBOOK : 978-2-336-37586-1

FAUT-IL AVOIR PEUR DE NOS CENTRALES NUCLÉAIRES ?
Pourra-t-on s'en passer ?
Sapy Georges
Ce livre est un cri d'alarme contre l'idéologie, le déni de raison et de réalité, et leur résultat : l'agitation de peurs irrationnelles et la manipulation. Oui, les centrales nucléaires peuvent être dangereuses quand les hommes se comportent en «chauffards du nucléaire», mais bien moins que beaucoup d'autres activités humaines quand toutes les précautions sont prises. Ce livre revient sur les facteurs organisationnels et humains indispensables, puis répond à la question : pourra-t-on se passer des centrales nucléaires ?
(24.00 euros, 238 p.)
ISBN : 978-2-343-06085-9, ISBN EBOOK : 978-2-336-37570-0

COOPÉRATION ET MANAGEMENT
L'exemple des Sociétés Coopératives et Participatives (SCOP)
Lainé Annick
Cet ouvrage illustre une démarche de recherche coopérative dont l'objet concerne le Management des Ressources humaines en SCOP. Ces entreprises coopératives, au projet politique original, s'organisent à partir de valeurs héritées du XIXe siècle que sont la solidarité, la propriété collective intergénérationnelle et l'équité avec une triple filiation économique, politique et sociale et nécessitent un management adapté pour animer une organisation de salarié(e)s, associé(e)s majoritaires et coresponsables d'une entreprise coopérative.
(Coll. Entreprises et Management, 29.00 euros, 284 p.)
ISBN : 978-2-343-05637-1, ISBN EBOOK : 978-2-336-37075-0

LES SALARIÉS DANS LA TOURMENTE
Restructurations et montée du populisme de droite
Plomb Fabrice, Poglia Mileti Francesca
Et si la crise économique profitait au populisme radical ? Dans cet ouvrage, l'exploration du monde du travail permet de plonger au cœur des raisons qui ont modifié les visions du monde qui, par certains aspects, présentent des affinités avec les programmes des mouvements de la droite radicale. Par le biais d'entretiens approfondis auprès d'employés dans des secteurs économiques en grande transformation, les chercheurs ont dévoilé des effets peu connus des «nouvelles organisations du travail».
(Coll. Questions sociologiques, 22.00 euros, 226 p.)
ISBN : 978-2-343-05423-0, ISBN EBOOK : 978-2-336-37129-0

SERVICES PUBLICS, ENTREPRISES PUBLIQUES, QUELLE PLACE POUR LES CITOYENS ?
Sous la direction de G.Rouet et A.Galabov
Au sein de l'UE, États et marchés s'articulent dans une économie devenue mixte. Dans ce contexte, la question de l'organisation des services publics et de la participation des citoyens est fondamentale : comment faire, au mieux, au plus près des besoins et en fonction des budgets disponibles ? Il s'agit de trouver les voies d'une légitimation des choix entre accès et qualité, de donner les moyens aux bénéficiaires de devenir acteurs et responsables, et d'organiser une participation citoyenne à la production et à la distribution des services publics.
(Coll. Local et Global, 19.00 euros, 196 p.)
ISBN : 978-2-343-05566-4, ISBN EBOOK : 978-2-336-37116-0

LES COULISSES DES MARCHÉS PUBLICS
Manœuvres d'alliances et influence des réseaux
Mamavi Olivier
Comment remporter les appels d'offres ? Quelles sont les stratégies qui facilitent l'accès des entreprises à la commande publique ? Quel est l'impact des réseaux sur la décision publique ? Voici des tentatives de réponses à ces questions et une démarche qui explique comment les réseaux d'alliances influencent l'attribution des marchés publics.
(Coll. Entreprises et Management, 27.00 euros, 262 p.)
ISBN : 978-2-343-05593-0, ISBN EBOOK : 978-2-336-37163-4

LITTLE LEAN GUIDE FOR THE USE OF MANAGERS
Roche Cécile - Foreword by Jacques Chaize
In a world of permanent crisis, where change is the norm, Lean becomes fashionable. Yet, companies who have chosen to fundamentally transform it self, following the Lean principles and investing first on women and men, have, globally, and in the long term, the best economic results. This book, with simple concepts and illustrated with many examples, analyzes the main misconceptions about Lean, taking each time the views of managers and operational concerned. (Version anglaise de Petit guide Lean à l'usage des managers).
(Coédition Institut Lean France, 13.50 euros, 118 p.)
ISBN : 978-2-343-05918-1, ISBN EBOOK : 978-2-336-37574-8

COOPÉRATION ET MANAGEMENT
L'exemple des Sociétés Coopératives et Participatives (SCOP)
Lainé Annick
Cet ouvrage illustre une démarche de recherche coopérative dont l'objet concerne le Management des Ressources humaines en SCOP. Ces entreprises coopératives, au projet politique original, s'organisent à partir de valeurs héritées du XIXe siècle que sont la solidarité, la propriété collective intergénérationnelle et l'équité avec une triple filiation économique, politique et sociale et nécessitent un management adapté pour animer une organisation de salarié(e)s, associé(e)s majoritaires et coresponsables d'une entreprise coopérative.
(Coll. Entreprises et Management, 29.00 euros, 284 p.)
ISBN : 978-2-343-05637-1, ISBN EBOOK : 978-2-336-37075-0

100 MISSIONS D'INTELLIGENCE ÉCONOMIQUE
Sous la direction d'Inès Elhias et Nicolas Moinet
Veille, management des connaissances, protection de l'information, *lobbying* et influence sont autant de situations rencontrées par les entreprises entamant ou développant une démarche d'intelligence économique. Cet ouvrage propose 100 fiches relatant 100 missions d'intelligence économique, offrant une véritable vision d'ensemble des limites, obstacles ou moteurs rencontrés par de jeunes professionnels dans des domaines divers (industrie, agro-alimentaire, communication...).
(Coll. Intelligence économique, 18.50 euros, 190 p.)
ISBN : 978-2-343-05574-9, ISBN EBOOK : 978-2-336-37209-9

LA POLITIQUE PUBLIQUE D'INTELLIGENCE ÉCONOMIQUE
Chardavoine Olivier - Préface de Nicolas Moinet et Ludovic François
Depuis vingt ans, l'intelligence économique se diffuse en France. Aujourd'hui, les concepts sont à peu près définis, les structures publiques et les moyens en place, les chefs d'entreprises plus réceptifs au message. À l'heure où la France est confrontée au défi de la compétitivité, l'assistance de la puissance publique au profit des entreprises privées peut constituer un levier du relèvement. Ce livre révèle le panorama étendu de l'action de l'État et des collectivités en matière d'intelligence économique.
(Coll. Entreprises et Management, 38.50 euros, 392 p.)
ISBN : 978-2-343-05644-9, ISBN EBOOK : 978-2-336-37168-9

L'HARMATTAN ITALIA
Via Degli Artisti 15; 10124 Torino
harmattan.italia@gmail.com

L'HARMATTAN HONGRIE
Könyvesbolt ; Kossuth L. u. 14-16
1053 Budapest

L'HARMATTAN KINSHASA
185, avenue Nyangwe
Commune de Lingwala
Kinshasa, R.D. Congo
(00243) 998697603 ou (00243) 999229662

L'HARMATTAN CONGO
67, av. E. P. Lumumba
Bât. – Congo Pharmacie (Bib. Nat.)
BP2874 Brazzaville
harmattan.congo@yahoo.fr

L'HARMATTAN GUINÉE
Almamya Rue KA 028, en face
du restaurant Le Cèdre
OKB agency BP 3470 Conakry
(00224) 657 20 85 08 / 664 28 91 96
harmattanguinee@yahoo.fr

L'HARMATTAN MALI
Rue 73, Porte 536, Niamakoro,
Cité Unicef, Bamako
Tél. 00 (223) 20205724 / +(223) 76378082
poudiougopaul@yahoo.fr
pp.harmattan@gmail.com

L'HARMATTAN CAMEROUN
BP 11486
Face à la SNI, immeuble Don Bosco
Yaoundé
(00237) 99 76 61 66
harmattancam@yahoo.fr

L'HARMATTAN CÔTE D'IVOIRE
Résidence Karl / cité des arts
Abidjan-Cocody 03 BP 1588 Abidjan 03
(00225) 05 77 87 31
etien_nda@yahoo.fr

L'HARMATTAN BURKINA
Penou Achille Some
Ouagadougou
(+226) 70 26 88 27

L'HARMATTAN SÉNÉGAL
10 VDN en face Mermoz, après le pont de Fann
BP 45034 Dakar Fann
33 825 98 58 / 33 860 9858
senharmattan@gmail.com / senlibraire@gmail.com
www.harmattansenegal.com

L'HARMATTAN BÉNIN
ISOR-BENIN
01 BP 359 COTONOU-RP
Quartier Gbèdjromèdé,
Rue Agbélenco, Lot 1247 I
Tél : 00 229 21 32 53 79
christian_dablaka123@yahoo.fr

Achevé d'imprimer par Corlet Numérique - 14110 Condé-sur-Noireau
N° d'Imprimeur : 126940 - Dépôt légal : mars 2016 - *Imprimé en France*

www.ingramcontent.com/pod-product-compliance
Lightning Source LLC
LaVergne TN
LVHW010939061026
849535LV00007B/2472